まえがき——加藤常昭の肖像画

手持ちのスマートフォンで写真を撮り、ただちにツイッター、インスタグラム、フェイスブックにアップできるようになった時代、肖像画が描かれることは少なくなったのだろうか。

顔。そこには、その人の歴史、その人が見聞きした世界、揺さぶられた心、語り続けた言葉が刻み込まれている。もしもそうでなければ、画家たちの手によって、あれほど多くの肖像画が描かれることはなかっただろう。画家たちは、均整の整った若さの美にあふれた顔だけではなく、老いて歪んだ顔さえ描き続けたのだ。左右不均等な目。静かに光る瞳。悲しみと喜びの知らせを聴き続けてきた耳。皺が寄るほどに語り続けてきた唇。その向こう側に、相手の内部に入り込むことでしか描き出すことのできないいのちがある。

昨年、加藤常昭先生は米寿を迎えた。決して長くは生きられない、と医師から宣告された若者が、やがて九十の声を聞こうとしている。歩くときには杖を手放せず、全身の倦怠と痛みに表情を歪めることがさらに多くなったが、いまなお、各所で礼拝説教をし、講演をし、執筆し、後進を育て続けている。このことは、神からの日本の教会への驚くべき贈り物である、と素朴に思う。

「強烈な自我の持ち主」。それが、先生が長年共に歩んだ神学者、ルードルフ・ボーレン教授からの加藤評であった。その強烈な自我を神が用いた、というのだ。しかし同時に、加藤と共に歩んできた者たちは、先生がとりわけしなやかな魂を与えられた方、パスカルが「繊細の精神」と呼んだ態度に生きておられる方でもあることを知っている。

加藤が『自伝的説教論』を執筆したとき、その冒頭に引用しているのは矢内原忠雄の言葉である。一九四二年、十三歳の時、日本基督教団代々木教会で加藤はこの説教を聞いた。

「私には明白なふたつの自覚がある。ひとつは罪人の自覚。キリストの十字架のもとに立たなければ生きていかれない。この自覚が謙遜、柔和な生き方を強いる。私が十分謙遜でもなく柔和でもないのは、この自覚が不徹底であるからであり、それがまた私が罪人であることの証拠となる。だがそれにもかかわらず、もうひとつの自覚がある。それは自分が日本国の柱であり、私を倒す者は日本国を倒すことにもなるという自覚である。自分で払いのけようとしても沸き立つ自覚である。……このような罪人の首であるとの自覚と、日本第一の大人であるという自覚とは一見相反すると思われるが、これを結ぶのはキリストである。キリストに結ばれるとき自分の罪を知り、しかもキリストによって罪を赦されるとき、日本第一の大人であると自覚する。私の人生はこの自覚に立っている」

そしてその年の一二月二〇日、太平洋戦争のさなかで、加藤は洗礼を受けた。

繊細の精神と強烈な自我、そして、罪人の自覚と日本第一の大人であるという自覚。相反する独特な個性が加藤を造り上げてきた。

加藤と語りながらいつも思わされることは、この方はいつも聖書の言葉の中を生きている、ということである。しかもそこにはいつも主イエス・キリストへの情愛がある。

もう二十年以上前、「説教塾」で寝食を共にしながら学んでいたある夜、加藤は鎌倉雪ノ下教会で行った説教の録音を聞かせてくれた。ヨハネによる福音書第一章を語る説教。正面に座って再生機器を操作し、加藤は自分が語った説教に耳を傾けていた。その説教は次のように語っていた。

「〈聖なる空虚〉。われわれは、ここに光り輝く神・キリストの栄光を現すものを置いているわけではない。何もない。教会堂は一切の飾りを取った空間を造る。しかし、それは聖い。なぜか。聖いものが満たすからであります。どの時に、いかなる時に満たすのか。われわれが集まっている時です。皆さんが、ここに座っている時です。立って讃美を歌うときです。私どもの中に主イエス・キリストが宿ってくださっているのです。住まいを定めてくださっているのです。……ここは礼拝の場所です。『わたしたちはその栄光を見た』と言うことができる場所であります。光がここに満ちている。恵みと真理が満ちている」（説教「恵みと真理の言葉」）

自分の声に耳を傾けながら、加藤は涙を流した。私が生涯この方に学び続けたいと願ったのは、その時だった。

主イエス・キリストを愛する。それは、抽象的なことではない。それは、キリストの体、教会を愛することなのだ。さらに、それもまた抽象的なことではない。教会を愛するとは、教会に集うひとりひとりに聖さを見て、愛することなのだ。しかも情愛と表現したくなるほどの生々しい衝動をもって。

さらに加藤は、歴史と隔絶した場所で、信仰の情愛と戯れようとはしなかった。

その発言のために東京帝国大学の教授職から追われていた矢内原忠雄が語る説教によって洗礼を受けた加藤は、牧師となり、ドイツに留学する。そこで加藤の心を捉えたのは、ヒトラー政権下、「神の言葉」による戦いを展開したドイツ告白教会に連なる説教者たち、そしてその説教を支えた「説教黙想」であった。この日本においても、「説教黙想」――時代のただ中にあって神の言葉に集中し、神の言葉からキリストに従う教会を形成していくこと――、そして、「説教」――神の言葉についての講釈ではなく、いま生きて働く神の言葉そのものを語ること――こそが、時代の力に抗する教会を造り上げる。それが加藤の確信なのだ。

この書物のために、四人の説教者、そして二人の編集者が、東京の銀座の街で加藤常昭を囲んだ。まる二日かけてのことだったが、それでも時間が足りなかった。加藤常昭の肖像画を、加藤自身の言葉をもって描き出したいというわたしたちの願いが、いったいどこまで果たせたかはわからない。しかしそれでも、加藤常昭という人間の個性、説教と教会に注がれた愛、時代との戦いのまなざしだけは、しっかりと浮かび上がっているはずだ。しかも言葉の端々から、すべてを神に用いていただき、教会に仕える喜びがほとばしっている。

きっとあなたにも、その喜びを受け取っていただくことができるだろう。

二〇一八年七月

平野克己

目次

III 戦後の文化と社会をめぐって

装丁 桂川 潤

聞き書き

加藤常昭

説教・伝道・戦後をめぐって

I

説教と神学をめぐって

東京子供唱歌隊富ヶ谷小学校のメンバー（後列左から2番目）

はじめに

平野　祈りをしましょう。

あなたからいのちをいただいて、しかもそのいのちをあなたの召し出しにより、伝道者として用いさせていただいております。私どものいのちを、いつも愛のなかに、希望のなかに用いることがゆるされている不思議を、感謝いたします。これから私どもは新たな刊行物のために二日間を用います。あなたがこの国に、この時代に、加藤常昭先生をお送りくださいました。どうか、この師がいのちを注ぎ続けてきたことを、私どものみならず、日本の教会に、よく行き渡らせてください。

私どももはなお罪人にとどまり続けます。あなたのみ子キリストの贖いが必要です。この書物をもどうかあなたが闇の力から贖い取ってください。光の武器のひとつとして、あなたご自身がお用いくださいますように。そのためにこそ、これからの時間をあなたにおささげすることができますように。主イエス・キリストによって祈ります。アーメン。

平野　加藤常昭先生が八八歳を迎えられました。加藤先生というのはあらゆる意味で特異な、日本の教会への賜物だと思います。日本の実践神学を開拓なさった方ですし、著作・刊行物の点数はギネスブックにも載るかもしれませんね（笑）。少なくとも、個人説教集があれほど刊行された牧師というのは、世界的にはほぼ例のないことだと思います。北陸・金沢の若草教会での伝道に始まり、東京の牛込払方町教会、鎌倉雪ノ下教会と、それぞれの地で教会に仕え続けてこられた方でもあります。牧師のみならず、信徒であっても、もしかしたら教派を超えて、この方のたずさわった書物が並んでいないキリスト者の家はないのではないだろうかとさえ思います。

この座談会では、加藤先生からいろいろな話をうかがって、これまで書いてこられた本の手引き——どんな本を読んだらよいのか、また何を語り続けてきたのか——ともなるような書物ができればと思っています。後の世代の人たちが「加藤常昭とはどういう人だったのか?」と問うときに、最初に手に取っていただけるような本ができるとよいと願って、教文館の編集者の方と相談してきました。始める前に加藤先生から何かありますか?

加藤 ひとつの思いは大変恐縮しておりまして、教文館が厚意を持ってこういう企画を立ててくださって光栄に思っておりますし、お忙しい中、先生方がよく集まってくださったと感謝しています。考えてみると、私をめぐって語り合うということは、個人の問題だけにはとどまらないと思います。戦争中の教会を子どもなりに経験し、戦後の時代を生きてまいりました。今年(二〇一七年)はちょうど新憲法ができて七〇年になります。そういう年月を日本がどう生きてきたか、キリスト者がどう生きてきたか、教会が何を体験してきたかということを、改めて尋ね直すひとつのきっかけにもなると思います。そして、私より若い世代の方たちからは、戦争を経験した私の世代への問いかけもあるだろうと思います。

私はもう第一線は退いておりますし、いつまで生きていられるか分かりません。これから日本の教会のために何かできるかというと、本当にわずかなことしか残されていません。いろいろと残念な思いや「こうしたかった」という思いもあります。そういうものも受け継いで、さらに展開していただくためにも役に立つ語り合いになればいいと思っております。

平野　まずは自己紹介から始めましょう。若い順から行きましょうか（笑）。

森島　青山学院大学の宗教主任をしております森島豊と申します。今日はとても楽しみにしておりました。何よりもこれからの日本の教会と、それと密接に切り離せない関係である説教をどうしたらいいのか、ということが私たちの共通の課題だと思います。そのことについても良き議論、話し合いができ、祈りを深めていければいいと願っております。よろしくお願いします。

平野　加藤先生との出会いはどういうものでしたか？

加藤　森島先生とはおじいさまからのお付き合いです。ですから孫のようです（笑）。おじいさまが高齢になられてから東京神学大学で学ばれて、私の授業にも出ておられました。今でもそのおじいさまのたたずまいを覚えていますよ。授業を一所懸命に聴いていらっしゃいました。

森島　はい。加藤先生のことは両親の卒業式に写っている写真を通して存じ上げていました。ただ、実は私はもともとバプテスト同盟の出身ですので、加藤先生がどういう方であるかとか、どういう偉業をそのころ成し遂げておられたのかということは知りませんでした。

最初に出会ったのは東京神学大学の学生時代に出席していた東村山教会の礼拝でした。ご挨拶したら無視されまして、「えっ⁉」と思ったのを第一印象としてよく覚えています（笑）。

加藤　ほんと？　覚えてないな……（笑）。

森島　でも、神学生にはいつもそういうふるまいだったと思います。あとになって、「弟子を取らない」という先生の姿勢から来ているのかなと理解しました。その後、東京神学大学の授業でメラー先生をお招きしたときに通訳をしておられた先生の存在に強い印象を受けました。ボーレン先生が来日されたときにも先生の存在を認識しました。先生との深い関わりは学生説教塾を始めるきっかけを先生が提案してくださり、そこで多くのことを教えていただいたことから始まります。それ以来、ずっと恩師として教えを受けております。

朝岡　東京の板橋の徳丸町キリスト教会の牧師の朝岡勝と申します。日本同盟基督教団という、いわゆる福音派と呼ばれる教団に属しています。今日この場に来させていただいたのは本当に光栄なことで、こういう集まりがあったら傍聴したいぐらいの気持ちでおりました（笑）。先生との関わりでいうと一番薄いかと思いますが、こういう場に加えていただいたのは本当に光栄に思っております。

加藤先生との最初の出会いは、書物を通してでした。最初に読んだのが『説教論』（日本基督教団出版局、一九九三年）でした。一番大きい本から読んでしまった（笑）。それを読んで、正直その時には先生がおっしゃっていることが、どれほど自分が分かったかというと非常にこころもとない読書だったのですが、それ以降、先生の書物が出ると必ず買い求めて読んでまいりました。

もうひとつ忘れられない出来事があります。私は一九九七年から二〇〇〇年まで神戸改革派神学校で学んでいたのですが、その図書館に、加藤先生がかつてこの神学校に来られたときの講演と質疑応答までを録音したカセットテープが十数本ありました。車で遠距離の移動をする機会があったときに、それを行き帰りの道中でずっと聞いていました。運転しながら本当に興奮を覚えて、こころを打たれた経験でした。加藤先生のお名前を見るといつもその時のことを思い起こします。加藤先生に直接お目にかかったのも、その神学校在学中のことでした。

平野　日本基督教団代田教会牧師の平野克己です。私は大学院一年の時に加藤先生の説教学の授業を受けました。それが先生の東京神学大学での最後の授業で、大学院二年の時には先生はもういらっしゃらなかったのです。私は先生の最後の授業を受けた学生でした。とにかく説教学を学びたいと願い、加藤先生以外には教えていただける方がいないので、それ以降、説教塾などにも関わりながら、ここまでやってきたように思っています。

二〇一七年は新憲法が公布されて七〇年という節目の年になります。加藤先生の形成において、戦争というのは切り離せないものがあると思います。こういう時代のなかで今み言葉について考える、説教を考えるということが、この本のひとつのパースペクティヴになるでしょう。

もうひとつ覚えておきたいのは、二〇一七年が宗教改革五〇〇年、ルターによる改革から五〇〇年だということです。われわれの教派はいろいろですけど、プロテスタント教会に属する者として、常に改革される教会を形成することを志しています。それこそ改革は今もなお続いています。そういうなかで、加藤先生が志された改革とは何か、また先ほど「やり残したことがある」とおっしやっていましたが、それは一体何なのか、そんなことも聞き出せればと思います。取り組んでこられたことを継承しながら、しかしまた克服もしながら、私たちがこれからどう歩んだらよいのかを考えられたらよいと思って、楽しみにしています。

井ノ川　日本基督教団金沢教会牧師の井ノ川勝と申します。東京神学大学を卒業し、三重県の伊勢市にあります山田教会で三〇年伝道牧会し、そして二〇一四年から現在の金沢教会に赴任をしました。神学校に入学する前から加藤先生の説教を大学の礼拝で聴いたり、書物を読んだりしていました。ただ、実際にお会いしたのは入学試験の面接の時が初めてでした。入学試験の課目に作文があり、加藤先生から「君、文学好きかい？」と言われて、「はい」と答えると、「それにしては誤字があるね」と言われたのが最初に加藤先生からかけられた言葉です（笑）。

大学で実践神学概論、そして大学院で説教学、日本伝道論を学びました。むしろ神学校を卒業してからの交わりの方が深いと思います。伝道者になってから間もなく説教塾が発足しました。全国だけではなくて、関西でも年に一回加藤先生をお迎えしてセミナーをしようということで、私たちの先輩たちが企画して、関西で二泊三日の説教セミナーが行われ、それを名古屋説教塾が受け継いで今日まで来ています。そこでいつも厳しく説教を批評され、問われ、今日まで歩んできました。説教だけではなくて、説教者としての姿勢、伝道者としての姿勢というものがそこで培われたと言ってもよいと思います。加藤先生の問題意識、また問いかけは日本で伝道する私たち伝道者にとって、欠くことのできない問題意識であり、問いかけですので、いつもそこに立ち戻りながら伝道してきたと言えます。
　今日、日本も教会も危機的な状況のなかにあります。今このとき、われわれ伝道者が何を語るのか、教会が問われています。その意味でも私たち伝道者が語るべき言葉を獲得するために、加藤先生がたどってこられた歩みを振り返るということが、とても意味のあることだと思っております。

なぜ説教か？

平野　それでは始めましょう。私は加藤先生というと、何よりも説教に打ち込まれた方だと思っています。なぜそんなに説教にこだわってこられたのでしょうか？

加藤　ひとつは良い説教者に会ったということです。良い説教者といっても、複雑な出会いです。ひとりは代々木教会の熊谷《くまがい》政喜《まさき》先生です。熊谷先生は戦争中やはり優れた説教をしていたと思います。一種の預言的な説教、預言者的な説教だったと思います。ところが、この先生が戦後、説教者として見事に崩れたのです。これが私にとっては、やはりひとつの事件だし、自己形成にも関わることでした。その時に幸いなことに不思議な導きで、熊野《くまの》義孝《よしたか》先生の教会に行こうと思ったら、そこで竹森《たけもり》満佐一《まさいち》先生に出会って、吉祥寺教会に行って、育てられた。ですから、伝道者になるまで絶えず、大事なところで説教に生かされてきたわけです。
　それだけに熊谷先生の説教に生かされなくなったというのも、危機的な状況だったわけです。もう自分の信仰はなくなるのではないかと思うほど苦しみました。そこで竹森先生に出会えて、竹森先生の説教で立ち直りました。それがひとつの流れです。

それからもうひとつは、改革者ルター、あるいは改革派教会との出会いです。それについては『説教論』の後半に書きました。例えば改革派の信仰告白についても丁寧な考察をしています。改革者に始まったプロテスタント教会が、何によって生きてきたかというと、要するに説教だったという思いがあります。そしてそれに加えて、自分の伝道というのは、やはり説教でやってきたという思いがある。だから説教者たちによって生かされて、自分もまた説教による以外に伝道はできない、教会は立たないという経験をしてきました。そして、それに偶然重なるようなことでしょうけれども、東京神学大学で説教学の教師をすることになり、いよいよ説教という課題と取り組まなければならなくなりました。だから、実践的にも神学的にも説教が自分にとって、第一の課題だったということだと思います。

説教聴聞の体験

平野　熊谷先生の説教を聴けなくなったのは、この年表（巻末参照）を見ると二一歳の時ですか？

加藤　いや、もっと早い時期です。敗戦後、たちまち先生の説教は崩れてしまいました。一七歳の時です。

平野　説教が崩れた……。それまで何を楽しみに説教が聴けていて、敗戦後に何が聴けなくなって、満足できなくなったのでしょうか？

加藤　熊谷先生は戦争中に、本当に苦しんだと思います。ひとつは国家との関わりですね。それからもうひとつは、アメリカ人と結婚していましたから、自分の妻の国と戦わなければならないという苦悩です。

当時、代々木教会には多くの学生がいて、彼らが兵隊として召集されるようになったんです。何年だったか正確には覚えていませんけれども、何人かの出征軍人になった学生のために祈禱会が開かれました。今はもうありませんけれども、京王線の国領というところに昔、ＹＷＣＡの憩いの家がありました。そこで泊まりがけの壮行祈禱会を開きました。そこで送り出されるはずの学生たちが祈禱会の席上で泣き出しまして、「兵隊へ行きたくない」と訴えました。熊谷先生の奥さまのメイ・アイナ・熊谷さんのことを話に出して、「アイナ先生の国の人に、鉄砲なんか向けられない。どうしたらいいんですか。引き金を引かなきゃいけないんですか」と牧師に聞きました。それは牧師に聞く以外ないでしょうけど……。

ふと気がついたら、正面に熊谷先生が座っていたはずなのにいなくなっていました。暖炉の脇の椅子に、先生はうずくまっていたんです。もしかしたら祈っていたのかもしれません。そのあと、この祈禱会をどうしたか記憶はありません。泣いて詰め寄る学生、問いかける学生、そして返事ができなくなってじっとうずくまっていた牧師の姿をよく覚えています。

私たちは、そういう状況で、振り絞るように語られるみ言葉を聴いていました。『自伝的説教論』（キリスト新聞社、二〇〇三年）に書きましたけれども、戦争が終わる一年ほど前に、イザヤ書の講解説教を熊谷先生が始めました。その時の週報はガリ版を牧師が切って作っていましたが、そこに「会員諸氏に告ぐ」という文章が二度載りました。当時中学生だった私でも、「ああ、そうか、俺も会員諸氏か」と思いました。そこでは「これからはイザヤ書以外には説教では説かない」「イザヤというのはこういう危機の時代に神の言葉を聴き続けた人だ」と言われました。そうしてイザヤ書の講解説教が始まりましたが、非常に厳密な講解説教をされ、難しかったです。そして明らかに、われわれにも分かるように警察官が来て監視していました。牧師の言うことをすべて書き取って、礼拝後も教会員の様子や交わす言葉を聞いていました。そういう状況で「過《あやま》てる政治と預言者」「偽りの平和」というような題で説教をしていました。あれは大変だったと思います。

とても面白いことですけれども、戦後だいぶ経ってから、秋元君という、当時はまだ日曜学校の生徒だった男の子が、成人してから私に「まだお話ししていなかったと思いますが」と話してくれたことがありました。その人の父親は町会長だったのですが、その町会長のところに代々木警察署の署長が来て、「熊谷牧師を逮捕したいと思うけれども、いかがか？」と聞いたそうです。そしたらその父親が――この人は教会の目の前にある代々木八幡宮の信徒総代だったんです――、「あの熊谷というのも信徒のひとりだ」と言ったそうです。その場合には神社の氏子ということを示しています。「あれも氏子だ。氏子の過ちは総代の過ちにもなる。だからあなたは私を捕まえないと、牧師を捕まえることもできないだろう」と言って、それで署長がためらっている間に戦争に負けました。この牧師は非常に日本的な論理で守られたわけです。そういう厳しい状況での説教というのは息を呑むようなものです。ただ聖書の言葉を説いているようで、その重みはずっしりしたものでした。

ところが、戦後パッと様変わりをしました。あのときの日本人の変わり身の早さというのは考えられないほどです。アメリカ軍が勝って、占領して、進駐して、代々木教会のすぐそばの昔の代々木練兵場、今のオリンピックセンターにワシントンハイツというアメリカ軍の住宅群ができました。当時アメリカのことを学びたいという機運が高まり、熊谷夫妻が出した『日米会話手帳』が大ベストセラーになって、先生は大変お金持ちになりました。そして外務省から委託され、通訳養成所の所長になりました。毎日そこに行って通訳者を育成していたため、説教の準備をしなくなりました。

当時、女子神学校の卒業生が婦人伝道師として渡辺善太《わたなべぜんだ》先生から派遣されてきていて、その方と私とで土曜日に教会で週報を作っていたのですが、先生は週報の説教の題もつけてきません。そのため、聖書の連続講解説教になってしまいました。戦争中のイザヤ書の講解説教の前は連続講解説教をしていたわけでもなかったのに、そのころには連続講解説教に変わりました。次の箇所がどこかは分かるので週報には載せられますが、説教題は私がつけていました。ヨハネによる福音書の講解説教をやっていたときに、ニコデモのところで「夜来たる者」という説教題を私がつけました。それを伝道師が渡辺先生に報告したところ、渡辺先生が、「よく分かっているね」と言って褒めたと伝え聞きましたが、牧師の説教の題を私がつけなければならないということは、惨めでした。それで、説教は何のことやら分からなくなってしまいました。

井ノ川　加藤先生の『自伝的説教論』の書き出しが、とても印象深いです。預言者・矢内原忠雄《やないはらただお》との出会いについて書かれています。この年表を見ると、中学生であった加藤先生が、一九四二年五月二四日に矢内原忠雄先生の預言者としての説教を聴かれた。また、太平洋戦争中、熊谷政喜先生もイザヤ書の連続講解説教をし、それを聴いた。太平洋戦争中、説教者は皆、預言者として説教をしていた。ところが、預言者としての説教が敗戦後失われてしまった、預言者でなくなってしまったということですね。

加藤　時代との緊張関係がなくなりました。

井ノ川　加藤先生において、説教者と預言者はイコールであるし、説教イコール預言ですよね。教会でみ言葉を語りながら、同時に日本という国家に向かって、公的なみ言葉を語っています。加藤先生のその姿勢は、預言者としての矢内原忠雄や熊谷政喜と出会うことによって身に付けていたということですね。その後の竹森満佐一との出会いもそうだし、カール　バルトの説教との出会いもそうだし、ボーレンともそうですね。預言者と出会ってきた、預言としての説教と出会ってきた。

今日、日本の教会が危機的な状況である原因のひとつは、われわれ伝道者が預言者でなくなってしまっているというところに、大きな問題があります。われわれの説教が、預言ではなくなってしまっているのです。教会という小さな空間で、個人の魂にしか響かない言葉になってしまって、この日本という国家と向き合った公的な言葉を語っているのか。これは加藤先生の説教者としての存在と言葉を通して、いつも問われていることだと思います。

平野 『自伝的説教論』というタイトルだと、いろいろな書き始めがあるはずだと思います。ご自分がどういう生まれか、お母さまのことなど他にもいろいろなことが書けるでしょう。加藤先生は洗礼を受ける導きともなった矢内原忠雄先生から叙述を始めておられます。その時に加藤先生にとって危急だったもの、教会で聴き取ったものは預言だったのでしょうか?

加藤 もっと別の言葉で言えば、人間の言葉ではなくて「神の言葉を聴く」ということです。矢内原先生がその時に話をしたのは、先生は東大の職を追われていましたから、自伝という形で信仰を語られました。「神様に生かされるとは、こういう厳しいことなのだ」ということです。矢内原先生のところへ私も、学生たちと一緒に行って初めて矢内原先生にお会いし、講演をお願いしました。矢内原先生は国家との関係を考えて、「僕は行かないよ」「私を呼んだ君たちに迷惑がかかるようなことはできない」と発言されました。そこで私たちが、「先生が『うん』と言われるまで帰りません」と言うと、「じゃあ、行くか」ということにまとまりましたが、「ビラも作るな。ポスターも出すな。口頭による宣伝だけ」と言われました。それでも、実際には三五〇人も集まりました。当時の若い人たちは、それだけ真実の言葉を求めていたんです。それに深く信仰が関わり、神が関わっていました。ほとんど奇跡的な事件が起きていたと思います。

平野 先ほど、加藤先生は説教のことで四つを挙げてくださいました。ひとつめは説教に生かされてきたという個人的な説教の聴聞経験、ふたつめがルターをはじめとするプロテスタント教会の神学の問題、三つめが伝道者として、説教による教会形成、四つめが東京神学大学の教師としての働き、つまり説教の教師の立場になったということです。ひとつめの説教の聴聞体験をもう少しうかがいたいです。戦争が終わって、熊谷先生から離れて竹森先生と出会われました。その時には、戦争は終わっていますね。何が聞こえてきたのでしょうか？

加藤　竹森先生と出会って、ということでしょうか？

平野　そうです。当時、加藤先生にとって、神の言葉の体験というのはどのようなものでしたか？

加藤　最初に聞いた竹森先生の説教は、当時の表現で言えばピリピ書です。ピリピ書についての説教だとは覚えていますが、内容ははっきり覚えていません。ただ、その時は神の言葉を聴いたというよりも、生けるキリストの声を聴いたという思いがありました。

平野　神の言葉と生けるキリストの言葉は、少し違うんですね。

加藤　ちょっと違いますね。預言という言葉と比べるともっと福音的です。当時私自身がまいっていたということもあります。熊谷先生の説教につまずいてから竹森先生と会うまで、しばらく空いているんです。なぜ期間が空いたかというと、「先生のことはもう知ったこっちゃない」と考えていましたが、日曜学校のことに夢中になっていました。日曜学校は一〇〇人、二〇〇人もの子どもが集まっていました。英語を使った伝道を通じて熊谷夫妻に会う人たちもいましたけれども、一方で、別の形で青年たちが集まり始めていました。例えば、一燈園《いっとうえん》の西田《にしだ》天香《てんこう》さんのお孫さんの西田《にしだ》和子《かずこ》さんという、のちにＹＷＣＡで働くようになった女性とか、女子大生、慶應の学生などの若者たちが集まっていました。「ＣＳ教師会」という教会学校教師の集団ができて、熊谷先生の説教とは関わりなくいきいきとした働きでした。しばらくはそれで持ちましたが、それは長続きするようなものではないです。若者が情熱に任せて、子どもたちのために一所懸命に何かをやって、わいわいやっていたというだけのものです。

神の言葉を聴かなくてはならなかった。それで竹森先生の説教を聴いたときに、「僕が一番いま必要としているのはこれだ」と思いました。その時は神というよりキリストです。もともとカール・バルトも、神論よりもキリスト論に非常に深く惹かれていました。

平野　それは、加藤先生が二一歳ぐらいの時ですね。その時には、神学校に行くことを決めておれましたか？

加藤　もちろん決めていました。

平野　もう少し具体的におっしゃっていただけるとよく分かるのですが、キリストの生きた言葉とは、礼拝体験としてご記憶はありますか？

加藤　どういう言葉を聴いたかは覚えていませんが、本当にこころが揺さぶられました。その時に歌った賛美歌はよく覚えています。魂が揺さぶられるとい

竹森満佐一先生

うのはこういうことかなと思います。

平野　礼拝のなかで説教を聴きながら、揺さぶられたということでしょうか？

加藤　ええ。矢内原先生の時もこころが動きました。矢内原先生が説教された言葉は『矢内原忠雄全集』（岩波書店）に「私の履歴書」という題で残っています。あとで読み直して、これのどこにこころが動いたのか『自伝的説教論』にもその内容を紹介しました。戦争中に洗礼を受けるのは大変なことですけれども、洗礼を受けざるを得ないと思いました。小学校時代にいじめられて、日曜学校に行くのもやめていた人間でしたが、「これで生きる」と思ったのです。

竹森先生の説教では、それと同じ、もしくはそれよりもっと深い経験をしました。竹森先生の説教のすごさは、東大と神学大学の学生時代に説教を聴いていて、一度も失望しなかったことです。「今日はつまらなかった」という説教は一度もなく、私を生かすものになりました。

平野　そういうところは「出来事としての説教」「出来事としての言葉」ということに連なっていくと思います。加藤先生がずっと書物に書かれていくようなことです。「こころが動く」「出来事」という言葉では、説教者のなかにもよく理解できない人がいます。なぜかというと、自分のなかでこころが動いたり、出来事が起こったりした説教の聴聞体験がきっとないのだろうと思います。もう少し具体的にお話しいただくと、「こころが動く」というのは、どういうことなのでしょうか？

加藤　別の言葉で言えば、説教の言葉が通じるということです。私だけの個人的なことではなくて、当時の吉祥寺教会の青年たちがみんな、男女ともに言っていたのは、「先生はわれわれのこころをよく知っている」ということでした。

平野　言い当てられるようなことでしょうか？

加藤　言い当てられるし、自分の悩みや苦しみを、この牧師はよく知っているということです。僕の妻になったさゆりもそうですよね。さゆりは教会のなかで育った人ではありませんでした。東京女子大学の時代に教会に導かれた。さゆりを見ていると、信仰を持っていない日本人の若者が、敗戦でどんな打撃を受けたかというと、私とはまた違って、もっと気の毒な状態でしたね。それで敗戦の年の一二月に洗礼を受けています。そういうふうにこころが動いた経験がありました。

平野　自分のことを言い当てられるというとき、もちろん聖書の言葉で言い当ててくれるわけですね？

加藤　そうです。

平野　言い当てられて、なおかつ、救いが起こるんですか？

加藤　そうです。一方で、「やられた」と思いながら、一本取られたという感じで、ぐうの音も出ない。「言われた通りです」と思いながら、その一方で、聖書の言葉をそこで聴き取って、喜べる経験です。これはかけがえのない経験です。

平野　それが「生けるキリスト」と、どういうふうにつながっていくのでしょうか？

加藤　「生けるキリスト」というのは、キリストの言葉が自分を生かすということです。

日本福音教会

平野　そういうある種のパイエティズムと、先生が日本福音教会のなかで育たれたということに関係はありますか？

加藤　代々木教会はもともとの教派は日本福音教会という教会で、もともと福音派です。礼拝堂の賛美歌を置いてある棚に、日本基督教団の『讃美歌』と一緒に『リヴァイヴァル聖歌』が置いてありました。熊谷先生は、『リヴァイヴァル聖歌』を歌わなくなったけれども、福音派の一種のパイエティズムはありました。竹森先生は、パイエティストではありませんでしたし、ある意味では高《たか》倉徳太郎《くらとくたろう》流のパイエティズムに対する批判もあったぐらいでした。そういう意味ではカルヴァン的でしたが、その厳しさのなかに聞こえてくる言葉がありました。

平野　加藤先生ご自身が、そういう福音派のなかで育たれた？

加藤　そうです。だから、私は雑種だと思います。竹森先生の継承している日本基督教会ないしカルヴァンの流れの信仰と福音派の雑種だということです。福音派の人たちの悩みや喜びは、さゆりよりは分かるかもしれません。さゆりは純血で、竹森先生しか知らないというその違いはあります。

忘れがたいのは、吉祥寺教会の祈禱会です。祈禱会の先生の聖書の説き明かしも、説教と少し違ってとてもすてきなものでした。その後、『使徒行伝講解』（日本基督教団出版部、一九六五年）が出版されましたが、あの本のなかには、吉祥寺教会で語られた言葉が、明らかに反映しているところがあります。

祈禱会に行き始めたころに、帰ろうとしたら、「加藤君、ちょっと来たまえ」と呼ばれたことがありました。玄関の脇に応接室風の部屋があって、そこで戸を閉ざして、竹森先生が私にこうおっしゃった。「君、高倉徳太郎を知っているかね」。「はい、知っています。『福音的基督教』も読みました」。「信濃町教会の祈禱会で、ある女性が『天のお父さま』と祈り始めたそうだ。そしたら、高倉先生が祈りの途中だったけれども、『甘ったれるな』と言ったそうだ。分かったかね」。「はい」。こういうやりとりでした。「じゃあ、帰りたまえ」と言われ、出ていって、待っていた青年たちに今何を言われたか伝達すると、みんなきょとんとしていました。でも、私は非常によく分かりました。「天のお父さま」というのは、ごく普通の祈りの呼びかけの言葉ですけれども、「甘ったれるな」ということもよく分かります。それは福音教会育ちのパイエティの甘さを指摘したと思います。これは分かる人には分かるし、分からない人には何のことやら分からない。鎌倉雪ノ下教会で話をしたら、福音派育ちの女性が「よく分かります、先生」と言いました。

信仰のなかにある甘えを克服しなくてはいけない。それを竹森先生から学びました。それでも、本当に克服しているのか、それとも一種の総合を私がやってしまっているのか。それは、またその先の問題です。

預言としての説教

森島　私のひとつの関心事は、影響を受けた戦前と戦後の説教者たちの違いは何かということです。先生は戦前・戦中に矢内原先生、熊谷先生、そして読書を通してカール・バルトから影響を受けておられますね。あと、渡辺善太先生にも直接お会いして、影響を受けていらっしゃいますね。ここでの預言者的説教の聴聞経験と、戦後の竹森先生の説教を通して受けた経験に――もちろん竹森先生も預言者的説教であったと思いますが――質的な差異といいますか、時代も違いますけれども、何か違いがあるのでしょうか？

加藤　それはあります。例えば渡辺先生の説教と竹森先生の説教を比べてみると、渡辺先生のような説教を竹森先生は絶対しません。あんなに会衆を笑わせるなんてことはありません。だけど、渡辺先生と竹森先生は仲が良く、お互いに理解し合っていました。だから、そういう違いはもうはっきりあります。私は、竹森先生は潔癖すぎたという思いもありますが。

森島　特に交わりのことについてですか？

加藤　交わりのことでもそうですし、信仰のことでもそうです。「甘ったれるな」という表現も、本来は言わなくてもいいかもしれないでしょう。相手が私だったからよかったでしょうが、祈りの言葉を批判するなんて、人によってはつまずくかもしれない表現です。「『天のお父さま』でなぜ悪いか」と開き直れる言葉です。それでも私はその通りだと思いましたし、よく分かりました。人の甘えというのは、あるときからはっきり気をつけて、説教のなかで「自分が語っているのはキリスト教の話だ」ということは一切言わなくなりました。「キリスト教」という言葉は使いませんし、「宗教」という言葉もはっきり退けています。われわれの信仰は宗教ではない。だから「宗教改革」という言葉も使いません。ある時期からはっきり「宗教改革」という言葉を捨てました。だけど、ちっとも僕の言葉は説得力を持っていません。至る所でみんな「宗教改革」と言っていますね。印刷物を見て、こころのなかでつぶやいているんですけど（笑）。

宗教やキリスト教ではないというときに問題にしているのは、やはり「甘え」です。宗教と言っても、キリスト教と言っても、人間としての甘えです。カール・バルトはある面で、はっきりそれを拒否しました。カール・バルトも、キリスト教とか宗教とかいうような立場に立っていません。それと同じことです。竹森先生は、そういったことを最も純粋にやったと思います。

森島　私の推測が当たっているかを確かめるための問いでもありますが、戦争中に聴いた説教者からの経験と竹森先生との経験の共通点としては、「聖書を語る」すなわち「神の言葉を聴く」ということですね。その経験としては共通していると思いますが、違いとしては「教会」理解という点があると思うのですがいかがでしょうか？　具体的に言いますと、竹森先生から教会理解についてもっと強められたのではないかなという推測があります。なぜそういうふうに言うかというと、矢内原先生でも、あるいは熊谷先生でも、要するに無教会や福音派ですね。福音派には教会論がないとかそういう意味ではありません。むしろ教会形成より、もっと違うものに、つまり交わりを重視していたのではないかと思います。ところが、竹森先生の場合は聖書を語りながらも、教会の教理や教会形成をより強く出していたのではと思いますが、加藤先生はその点についてはどう考えるでしょうか？

加藤　それは別のパースペクティヴで整理できることです。二〇一六年に東京説教塾で「自伝的伝道論」という講演をしたときに取り上げた問題です。今でもそうか分からないけど、福音派の教会には、当時親睦会が多くありました。どんなに難しい説教があったとしても、礼拝が終わると、ご飯を食べて、礼拝堂を片付けて、子どもの椅子を並べて、椅子取りゲームをやってキャーキャー笑ったり、騒いだりしていましたね。これは吉祥寺教会では絶対にやりません。

戦後、第一高等学校の生徒になって経験したことですけれども、無教会もパーソナルな交わりはとても大事にしていました。第一高等学校や東大の学生は、無教会が多く、矢内原先生の弟子も多くいました。卒業してから、そこで知ったひとりの大学教授と、私が金沢から上京したときに、たまたま下北沢の駅で会いました。彼が「いよいよ僕も結婚することになったよ」と言うんで、「お相手は？」と聞くと、「知らん」と言う（笑）。「今、ヨーロッパにいる」と答えたので、「どうしてその人と結婚するの？」と言うと、「矢内原先生がこの人がいいから、この人と結婚しろと言われた」と言うのです。他に理由はなく、親分の命令で結婚するということです。極めて日本的な、西洋的でもない、パーソナルな家族的な交わりがありました。福音派もそうです。日本のメソジスト教会でもそういうところがあって、牧師のことを「パパ」と呼んだりもしていました。

そういう親しい人間的な交わりを、竹森先生は自覚的に拒否しました。礼拝における交わりを何よりも重んじていました。ただ当時、目の前でそういう議論はされていて、その通りだと思ったけれども――少なくとも私にとって――それは決定的な問題ではありませんでした。その違いははっきり分かるし、パーソナルな人間関係を作るということが危険なこともよく分かりました。けれども、それよりも大事なのは神関係ではないでしょうか。「預言としての説教」というときの「預言」とは何かと言ったら、時代を見抜いてなんとかするということではなくて、「神を神とする」ということです。イザヤ書に典型的に出てくることですけど、偶像礼拝の拒否です。

そういうことがはっきりと現れるのが――熊谷先生自身はどこまで意図していたか分からないけれども――、例えば天皇制からの解放ということです。非常に面白かったとも言えるけど、とても悲しかったことは、新憲法が問題になった時ですね。日本国民みんなが興味を持って、「これからの憲法はいかにあるべきか」を議論しました。当時の代々木教会の青年会でも議論しました。それで当時の青年たちは、女性も大半が天皇制廃止論者でした。熊谷先生はそれを聞いていて、泣いて、「もう反天皇制の話はしないでくれ。私の天皇に対する愛情は inner most sentiment だ」と、突然英語を使って「最も深い感情なんだ。だから天皇制否定は語らないでくれ」と言いました。ただ、そんなことを言うけど、「天皇制から解放したのは先生でしょう」という思いがこちらにはありました。熊谷先生の説教を聴いていて、洗礼を受けた時に、ピリピ書の昔の翻訳で「我らの国籍は天にあり」という文言をはっきりこころに刻んでいます。国籍が天にあるということは、私は半分日本人ではなくなったということ。半分日本人でなくなったということは、天皇から解放されたということです。

今、憲法改正論が問題になっていますけど、私は夢みたいな憲法改正論を持っていて、何年後になるか分からないけれども、天皇制が憲法から消えるというものです。そうでないと、本当の民主主義的な憲法にならないと思います。天皇は神ではないです。預言者的な説教は、まことの神を礼拝することを教えていて、その点では竹森先生も同じです。

説教スタイルの確立

井ノ川　私がとても興味を持っているのは、説教者・加藤常昭の説教スタイルがどのようにして確立したのかということです。若草教会で伝道者として、そして説教者としての歩みが始まりますね。若草教会時代の説教は『自伝的説教論』にも一部分載っています。若草教会、牛込払方町教会、そして鎌倉雪ノ下教会での説教を比較すると、進化はありますし内容が深まっていますけれども、説教のスタイルは一貫しています。対話的に、慰めの福音を語り、会衆の現実のなかに、福音の音色を奏で、心の琴線に触れながら、そこで罪の赦しの宣言を語り、同時に倫理的な勧告を語る。こういう説教のスタイルは、矢内原忠雄の説教、熊谷政喜の説教、竹森満佐一の説教、またカール・バルトの神学を学び、それらを総合しながら、どのようにして生まれたのでしょうか？

加藤 誰のまねもしていません。あえてまねをしていると言えば、竹森先生のまねはしています。ただ、竹森先生の説教を福音派流にまねしたということです。

平野 そんな話聞いたことないな、今まで（笑）。

加藤 そういうところがあると思います。

平野 面白い（笑）。

加藤 自分で言うのも変かもしれませんが、だからこそ、雑種の良さもあるのではないか、と思います。

朝岡 そこでいう「福音派流にまねをした」というのはどういうことでしょうか？

加藤 さっき言ったような「交わり」ということに代表されるような、人間臭さを完全には否定していないところがあると思います。

朝岡 それは、神的なものにおいて、人間的なものが排除されず、むしろその位置を与えられるような、聖霊論的思考ということでしょうか？

加藤 そんなに意識していませんが、考えてみればそうかもしれません。もしかすると渡辺善太先生の説教の影響もあるかもしれません。渡辺先生の説教は小学生の時から聴いていましたが、先生も変わっていきました。説教集『偽善者を出す処』（渡辺善太説教集刊行会、一九五七年）を出版したころは完全原稿できちっとしたものでしたが、それと銀座教会での説教とを比べると、同じ人物の説教なのかと思うほど変わっています。誤解される言葉をあえて使うと、渡辺先生は説教をしながら、み言葉を伝える喜びを、もっと聴き手と共有し、楽しんでいるという面がありました。これは竹森先生にはないことですね。

自分で自分の説教を分析、解説するのは難しいところがありますが、あえて言えば、竹森先生の説教学を貴族的とすると、私の方がもっと民衆的だと思います。育ちも違います。竹森先生の方が高級な家に育っていて、私は庶民の家に育っているというような違いです。

平野 最初の任地が金沢にある若草教会での開拓伝道だったということもあるのでしょうか？

加藤 それも当然あると思います。

平野 福音を、聖書をまったく知らない人々に語りかけるということですね。

加藤 そこで竹森流の説教はできませんね。

平野 説教で会衆が笑うようになったというのはいつぐらいからですか？

加藤 すぐに若草教会でも、会衆が笑うようになっていました。初めは完全原稿で話していました。

平野 そうでしたね。

加藤 ヨハネによる福音書から連続講解を始めました。その原稿は、完全原稿で今でも残っています。その時に、結婚して間もないさゆりが、「あなた、一所懸命準備して、一所懸命しゃべっているけれど、みんなキョトンとしているのよ。分かる？」と言うんです（笑）。だから一所懸命に勉強して準備した説教を、私ひとりが夢中になって、聞いている者は置き去りにされていた。「それが分かるか？」という問いかけに、ハッとして、次週から原稿を使わなくなりました。

平野　それは、伝道者になって何年目のときですか？

加藤　一九五六年四月に結婚して、早々に五月にそれをやられましたね。

平野　結婚して一か月で？（笑）

加藤　ええ。それから完全原稿にするのをやめました。会衆の顔を見ながら、ちょっと笑えるような話も自然にするようになりましたね。これは大きな変化です。

後に自分の言葉をコントロールする意味で、あまり野放図なしゃべり方はいけないと思って、鎌倉雪ノ下教会でローマ書を話すころに、一度完全原稿を作って話すこともしました。それでも、基本的には、会衆の顔を見ながらメモだけを持って話すようにしました。意図的に会衆を笑わせるようなことはしていないです。それは慎んでいます。渡辺先生のように喜んでゲラゲラ笑わせるようなことはやっていません。

平野　加藤先生の独特さであり魅力でもある、パイエティと理性とが同時に――しかもパイ

婚約の日に

エティに基づいた理性の用い方があって、理性で検証されたパイエティがある——というかたちはなかなかできるものではありません。

加藤　後に東京神学大学で教えるようになって、大坂城北教会に、船本弘毅《ふなもとひろき》先生のお父さまの船本《ふなもと》坂男《さかお》先生がおられました。城北教会は旧福音教会で、熊谷先生が代々木教会に来る前にいた教会です。それで城北教会で伝道集会を頼まれて、夜の集会をやったときに、船本坂男先生が私のことを「この方は東京神学大学の先生だけれども、珍しくパイエティがおありで」と言って紹介されました。会衆は笑って聞いていましたが、私も少し笑いながら聞いたけれど、そのニュアンスはよく分かりました。

　船本先生の思いのなかには、いろいろな批判もあると思いますけれども、指摘しているところは正しいし、船本先生に言わせれば「もともとこの教会は福音教会だったから、きちんとパイエティがあるんだ」ということでしょうね。

バルト

平野　加藤先生は、バルトを随分若いころから読んでこられ、学ばれながら、修士論文はシュライアマハーと取り組まれましたね。まずはバルトのことをうかがいたいのですが。

加藤　こういう言い方もできるでしょう。わたくしはカール・バルトは随分パイアスに読んでいると思います。一般の人が考えるバルト理解は観念的になることがあります。けれどもバルト自身が非常にパイアスな人だと思います。

例えば、西南学院神学部に私は時々呼ばれて行っていましたが、あるとき、特別講演を頼まれて九州まで行きました。当時、お名前は忘れましたけれども、アメリカ人の神学部長が私を空港まで車で迎えに来てくれて、私のことを「先生をバルティアンと紹介してもいいですか？」とたずねられたので、「いいですよ」と答えました。それからバルト理解の話題になりましたが、その先生はカール・バルトが嫌いでした。バプテストのなかにも、バルト批判があります。でも「バルトを途中から好きになりました」と言っていました。バルトがアメリカに行ったときの講演のことですが、あるアメリカ人が問いかけた懐疑的な疑問に対して、バルトはいきなり、"Jesus loves me"（「主我を愛す」）という賛美歌を歌い始めたそうです。

平野　宮田光雄《みやたみつお》先生が、最近『カール・バルト――神の愉快なパルチザン』（岩波書店、二〇一五年）で、そのことについて書いていましたね。

加藤　ボーレン夫人からも聞いたことがあります。ボーレン先生の最初のヴァイオリニストの奥さまは信仰に悩み、こころの病にもなった方ですけれども、バーゼルにいた若い時に、悩んでバーゼルの町を歩いていたら、バルトに会ったそうです。そこで彼に「浮かない顔をしているね」と言われ、「信仰が分からなくなって」と言ったら、バルトは、スイスの子どもの賛美歌で、その"Jesus loves me"と同じように、「私はイエスさまの羊です」という歌の「私は主イエスの小羊……」という歌詞を路上で歌い出したそうです。そこに出てきているものは、バルトのパイエティです。私にはよく分かる気がしています。

洗礼を受ける前に、『クレドー（我れ信ず）』を読んだでしょう。「『クレドー』を読み終わったら洗礼を受けていい」と言われて、一所懸命に読みました。最近『クレドー』を読み直して、「へえ、こんなのを読んで洗礼を準備したのか」と思ったぐらい難しいところもありますが。しかも桑田《くわだ》秀延《ひでのぶ》先生の訳ですから、難しい訳でしたが、いきいきと喜んで読みました。それは今でも『クレドー』を読んでいて分かることです。『クレドー』にはとても明るく、朗らかなものがあります。

ひとつは十字架信仰よりも、復活信仰のようなものだとも思いますが、明るい光がみなぎっているようなところがありますね。戦後、代々木教会で神学講演会を開き、北森嘉蔵《きたもりかぞう》先生を招いたことがありました。北森先生が『神の痛みの神学』を出版されてすぐのころです。その講演で北森先生はバルト批判をしました。「神学的公理としての第一戒」という一九三二年の講演の話をして、「バルトの神学というのは冷たい」と言われました。質問の時間になったときに僕は真っ先に手を挙げて、「バルトが冷たいって、どういうことですか？　僕はバルトを読んで明るい光のなかに生きた。戦争中のことです。それが冷たいってことは考えられない。暖かな光のなかで僕は洗礼を受けたんだ」と発言したところ、北森先生はきちんと返答をせずに、「へえ」というような顔をしておられました。最初のバルトとの出会いがそうだったから、バルトを冷たいとか、神を神とするということを非常に厳格なある種のカルヴィニズムの教理の、あるいは公理と言ってもいいようなところで理解するのとは違うと感じています。福音派のパイエティズムのなかにいたのかどうか分かりませんけれども、そういうものが私のひとつの根源的なバルト体験です。

ヨーロッパに行ってからも、バルトの非常に人間的でユーモアに満ちた部分や、バルティアンとしてのボーレン先生の豊かさも知りました。だからバルト神学の理解は基本的には違うかもしれません。それが結びついているのでしょう。

平野 それが説教のスタイルとも通じているのでしょうね。つまり教理や信仰の問いに対する答えを、淡々と原稿通りに語るということではなくて、聴き手が喜ぶのを喜びながら語るということです。

加藤 そう。今では「もっと人間的に語りなさい」と言いたくなりますね。ヒューマンということは、大事だと思います。

シュライアマハー

平野 単純化できませんけれども、バルトのどちらかというと上からの見方に対して、なぜシュライアマハーと取り組まれたのでしょうか？ 理性的な問題や学問の対象として興味深かったということはおありだったと思いますが、信仰とも関係あるのでしょうか？ シュライアマハーの研究が今も生きていることはありますか？

加藤　シュライアマハーを直接取り上げた理由は、熊野義孝先生です。熊野先生は神の言葉の神学の良い理解者で解説も書いていますが、あの先生の場合には、もっとオーソドックスな、古代の神学に戻るようなところがあります。

熊野先生の基本的な考え方は、バルトが分かるためには近代神学を理解しないといけない。バルトの神学は近代神学との対話から生まれた。バルトはその場合の近代神学の代表者として絶えず意識していたのはシュライアマハーである。そういう主張です。バルトは若いときからシュライアマハーを大学の講義で取り上げています。エーミル・ブルンナーが『神の言葉と神秘主義』（Die Mystik und das Wort）というシュライアマハー批判の書物を出版したときに、バルトは「このブルンナーのシュライアマハー批判は間違っている」と言っています。ひとつの理由は、「シュライアマハーの説教を読んでいない」ということです。シュライアマハーの神学の特色は説教にあると言っていますが、説教は、要するに当時の人との対話です。そういうところで生まれたシュライアマハーの信仰の姿勢、神学の姿勢は、シュライアマハーの側に立ってよく理解していないと批判できません。バルトのなかにあるものは、妙な言い方かもしれませんけれども、シュライアマハーとバルトに共通のものがあると思います。

平野　共通のものがあるという見方はどういうことでしょうか？　一般的にはバルトはシュライアマハーを敵にした、という理解かと思いますが。

加藤　敵ではないですよ。敵にはしていないと思います。シュライアマハーの場合は、形式的な言い方をすると人間主義的で、バルトは「私は神の言葉の側に立っている」という違いはあっても、共通に見ているもの、あるいは共通に体験しているものがあったと思います。

熊野先生は近代神学との対話のなかからバルトは生まれてきたので、近代神学をよく理解しないといけないとおっしゃっていました。大学院のゼミナール、演習で、当時の神学大学の学生は、今から考えるとえらいものですが、ドイツ語の論文を与えられて、翻訳がないなかでもみんなきちんと読んで報告していました。熊澤義宣《くまざわよしのぶ》君もいたし、東北学院大学の倉松功《くらまついさお》先生も当時学生でした。それで私が当時、もっぱら受け持たされたのはトレルチでした。

平野　面白いですね。

加藤　それでトレルチのいろいろな考え方を捉えました。トレルチは大著を書いているというよりも論文が多くて、それらを読んで報告し、こういうものとバルトは対話してきたのかと考えていきました。トレルチの歴史のなかでの神の啓示を位置づけるというようなことですね。そういうことがあって、シュライアマハーを取り上げることになりました。

井ノ川　今おっしゃった、バルトがシュライアマハーに対して評価した点というのは、何だったのでしょうか?

加藤　説教です。説教というのは何かというと、当時の人との対話です。

井ノ川　二〇一七年二月、加藤先生が名古屋説教セミナーでシュライアマハーの説教を取り上げてくださいました。加藤先生の解説を受けながらシュライアマハーの説教を読むと、シュライアマハーの評価が一変しました。シュライアマハーは何よりも説教者だったのだと確信しました。『宗教論』には、「宗教を侮蔑する教養人のための講話」という副題が付けられています。サロンで交わった当時の教養人に、いかに福音を届けるか、そこにシュライアマハーの説教者としての関心があったのですね。「宗教の本質は神への直感と感情である」と語っていますが、感情、こころに響く説教の言葉を追求していたのですね。それをバルトが評価したということですね。

加藤　そうです。

森島　加藤先生が学ばれたシュライアマハーとバルトに神学的な共通点が見いだせるとしたら、どういったことでしょうか？　深井《ふかい》智朗《ともあき》先生と共訳された『神学通論』（加藤常昭・深井智朗訳、二〇〇九年）の「はじめに」のなかに、ある学会で加藤先生がシュライアマハーについて質疑応答のときに大変な討論になったといういきさつが出てきますね。加藤先生がそこで主張されたことは、「神学教育において、冠としての実践神学というのは後付けではなくて、神学教育の初めに方向付けしないと、何のための神学になるか分からない」ということです。これは神の言葉に仕える神学ということにもなるかと思いますが、そういったこととバルト神学の関係はあるでしょうか？

加藤　直接は関係ないですね。シュライアマハーの『神学通論』は、信仰論や宗教論を論じていません。シュライアマハーが言っているのは「神学とは何か？」ということです。『神学通論』の初版でも第二版でも基本的に変わりませんが、そこで最初に何をやっているかというと、神学というのは「実証的な学」（positive Wissenschaft）であるという規定です。佐藤《さとう》敏夫《としお》先生は、Positive

Religionを「積極宗教」と訳されました（佐藤敏夫『近代の神学』新教出版社、一九六四年、三七頁）。けれども私はそれを、あえて「実証的」と訳しました。共訳者の深井智朗さんもその語を採用してくれました。「実証的」とは、非常に素朴に言えば手触りのあるもので、歴史的な現実となっている信仰です。

さらに具体的に言えば教会です。シュライアマハーは教会との関わりや実践的な関わりなくして神学は成り立たないと言ったんです。だから、最初から神学は教会指導者のための学問だと言ったんです。そうすると非常に実践的な、もうひとつの新しい概念を使うと、実践的な神学の捉え方、パースペクティヴが、神学の有り様を規定するということになります。

もっと具体的に言うと、一九六七年にイエナで行われた国際的な学会で問題になったのは、神学教育全体で、実践神学をどこに位置づけるかということでした。当時、ドイツの実践神学の世界でホットな問題でした。シュライアマハーは「実践神学は神学の冠だ」と言っていますが、再版ではこの言葉を取ってしまったので初版だけの言葉です。「冠」というのは、あまり褒めた話ではないですね。花嫁の冠と同じで、下着を着せて、その上にいろいろなものを着せて、髪の毛を整え、最後に冠を乗せて、「はい、でき上がり」となるでしょう。最後の飾りです。冠がなくても結婚できます。どういうことかというと、神学の学びで、最後に実践神学がくればそれでよろしい、という考え方です。

私はイエナの学会で「それでいいのだろうか？」という問題提起をしました。シュライアマハーの『神学通論』の理解が正しいとすれば――僕もこの理解は正しいと思うけれども――、神学の学習を始める最初のところで、実践神学とは何かという話をしないと、神学者は神学部で何を勉強していいか分からなくなります。神学の勉強のオリエンテーションを、実践神学者にやらせるべきだというのを、具体的な提案として出しました。最終的にあの学会で申し合わせまでやりましたが、実際にはあまり実行されていないようでした。

その時に、ベルリンの実践神学者のマルティン・フィッシャーがいました。彼はバルティアンです。バルティアンがするひとつの理解の仕方ですが、最初に教義学が立てた神学的な命題を、実践に適用する。彼は「その適用したところに実践神学が生まれる」と言いました。私はそれに応えて、「そうではなくて、実践神学は実践神学のものの見方があって、実践との深い関わりで神学を明らかにして、そのなかで組織神学も位置づけられる」と言ったところ、フィッシャーさんは怒ってしまい、私の名前を討論の間で聞き損ねたんでしょう、「極東から来た若い神学者」と言われてしまいました。おそらく若く見えたのでしょう。「若い神学者よ。あなたはよく勉強しているようだけれども、神学のイロハが分かっていない」と言い出しました。

その席に、東ドイツのライプツィヒの実践神学者でデッド・ミュラーもいました。白髪の赤い顔をしたライオンみたいな方です。この方が書いた実践神学の本について、会ったときに、「あの実践神学をお書きになった先生ですね。あれはいい本でした」というやりとりをして、すでに仲良くなっていました。「今、在庫が切れているから再版を出せって、君から出版社に手紙書いてくれよ」

という話までしたところで、その議論になって、デッド・ミュラーがフィッシャーに、「今の失礼な言葉を撤回しなさい。私も加藤さんと同じ意見だ」と言ってくれました。

ですから、シュライアマハー自身も実践神学を高く評価したわけではありません。彼は、ベルリン大学から実践神学の教授になってほしいと請われていましたが、「そんなものどこかの牧師にやらせておけばよろしい」と言って断ったのです。それが問題で、「シュライアマハーは実践神学を生み損なった」とボーレン先生は言っていました。「生み損なったから、われわれは今、苦労している」という議論にもなりました。シュライアマハーは「実践神学の父」だとよく言われます。しかし、間違った生み方になったということです。ボーレンさんも私に賛成で、神学というのは本来実践的なもので、教会の役に立たない神学は問題だという意見です。ドイツのアカデミズムの世界では相当乱暴な意見ですが、ボーレン先生も、そしてデッド・ミュラーさんも同じ意見でした。それとの関わりでシュライアマハーを取り上げたのです。

実践神学理論の構築

井ノ川　一九六三年に平賀《ひらが》徳造《とくぞう》先生の後任として、加藤先生は東京神学大学の実践神学の常勤講師になられました。当時、東京神学大学では「実践神学」ではなく「応用神学」と呼んでいました。それを「実践神学」という名称に変えることから始めて、日本において何もないところから実践神学を、どのように構築されたのでしょうか？　そのころすでにトゥルンアイゼンの『牧会学Ｉ』（日本基督教団出版局、一九六一年）やシュライアマハーの『神学通論』（教文館、一九六二年）を翻訳されていますが、他にどのような実践神学を学びながら、日本における実践神学を打ち立てようとされたのでしょうか？

加藤　正直に言いますと、「応用神学」から「実践神学」への変更を教授会で議論しようとは考えましたが、教授会では話が通じないだろうと思い、事務室に行きました。当時、事務長は代田教会の教会員だった荒木さんがしておられました。この方がガリ版を切って、学生の履修要項を作っていました。その履修要項に「応用神学」と書いてあったので、「実践神学にしなさい」と言って変えてもらいました。教授会では何の反論もなく、それ以来、東京神学大学では「応用神学」という語は消えました。

そこで言われた問題もあります。東京神学大学というのは、実践神学は平賀先生がやっておられましたが、ひとつの考え方は「実践神学なんていうものはアメリカに学べばいい」というものでした。だから、私の学生時代に牧会心理学の教授のブラウニングさんがいましたし、どちらかというと、アメリカから来る教授に実践神学——宣教学や牧会学など——を教えさせるわけです。それをやらせておいて、内心はバカにしていましたね。つまり実践神学というけれども、実用的な学問という考え方でしか捉えられていないことに疑問を持ちました。当時、私の先生になる方は誰もいないわけです。平賀先生ももうおられません。実践神学とは何か、説教学がどういうものかを自分で勉強しなくてはなりませんでした。

パースペクティヴ思考法

加藤　アメリカ人で、心理学的なことを研究しているセワード・ヒルトナーという方がいました。その方の"Preface to Pastoral Theology"を読みました。西垣二一《にしがきつぎかず》先生が『牧会の神学——ミニストリーとシェパーディングの理論』（聖文舎、一九七五年）という題で邦訳されました。「牧会学序説」と訳せると思いますが、私は「牧会者の神学序説」と訳します。この本を読んで、私は「パースペクティヴ」という概念に目が開かれました。

後に『神が美しくなられるために——神学的美学としての実践神学』（教文館、二〇一五年）のなかでボーレン教授が書いていることですが、ボーレン教授は非常に面白いメタファーを使っています。スイスの刑務所で説教したときに、「自分の説教を聴いている受刑者たちは、ひとつのボックスのなかにみんな入れられている」と言いました。どういうことか具体的にはよく分かりませんけれども、箱みたいなもののなかに受刑者たちが入って説教を聴いているんだと言うんです。周りから遮断された状態ですね。

それを読みながら、神学部の教授もこれと同じだと思いました。みんながバラバラです。ヒルトナーが批判的に取り上げたのはコンパートメント・シンキング、コンパートメント思考法でした。

このときのコンパートメントというのは、列車です。アメリカやヨーロッパでは、長距離の列車は日本とは少し違って、小さな部屋が並んで、廊下があります。ドイツ語では長距離の急行列車のことを「廊下列車」と言います。コンパートメントに乗るまでは指定席でもない限り「どのコンパートメントにしようかな」と探しながら入る。ただ一度入ったら、隣のコンパートメントで何が起こっているか分からない。実践神学や他の分野も、みんなこのコンパートメントに入っていて、それぞれのコンパートメントの王様になってしまっていて、そうやってお互いに関係を持たないことに対してヒルトナーは批判的でした。そしてパースペクティヴという考え方を持ち出して、コンパートメントから自由になって、自分の実践と結びついたパースペクティヴのなかで全体を見渡し、評価する。そういう考え方をしました。実践神学のパースペクティヴというと、教会の実践に結びついたパースペクティヴを確立して、事柄を捉えるということです。いろいろな働き、ファンクションがありますね。その機能を、ダイナミックに捉えることができると考えた方です。

私はその通りだと思ったし、それで実践神学の基本的な方向を見定めることができました。それは、ドイツとアメリカの両方を見ることができる日本にいたおかげですね。この論文はドイツ語にもなっていますけど、トゥルンアイゼンの八〇歳記念論文集のなかに収録されています。話があっちこっちに飛んでしまっているね（笑）。

平野　そうですね。まずは説教に集中をして話を聞きたいと思います。

加藤　説教を重んじるというのは、両刃の剣みたいなところがありますね。

平野　そうですね。ちょっと話がまたずれちゃうかな。説教に集中することが強調されていて、牧師が全く書斎から出てこないこともありますね。日曜日の礼拝が研究発表の場で、ウィークデイの私たちと全く関係ないことを話しながら、説教が第一だという姿勢です。そういう学生を、東京神学大学は育てているのかとね（笑）。

加藤　僕は育てていないよ。

森島　かつては違ったのですか？　つまり、加藤先生のシュライアマハー、バルトから来た理解のなかで考えると、神学校の改革がなければできないのでは、という感覚があります。まず神学教育の改革をしなければという思いです。

加藤　その通りです。私だけでなく、当時のドイツのイエナで学会をやったころの実践神学者の言葉は、ドイツでもきちんと通じていませんでした。ボーレン先生が『神が美しくなられるために』を書かざるを得なかったような、当時の学問的状況でもあります。ボーレン先生によると「神学というのはアカデミズムのとりこになっている」という批判です。ご質問は、日本の場合にはどうかということでしょうか？

トゥルンアイゼン

平野　そういうことです。加藤先生は説教をしていきながら、神学の理論化ということでシュライ

E.トゥルンアイゼン先生

アマハー、バルト、そしてトゥルンアイゼンと研究してこられました。トゥルンアイゼンは、自分のことを「セカンドヴァイオリン」に徹すると言ったようですけれども、そんな印象も受けます。そのなかでも魂の配慮について強調されています。加藤先生の説教は聴き手のヒューマンな部分を大切になさりながら話されてきましたね。説教のスタイルもそうだし、福音派の育ちということも関係していると思います。魂の配慮としての説教という視野は、そこからはっきりと言葉になっていったのでしょうか？『牧会学』をお訳しになって、「これで牧師としてやっていけるようになった」と思ったと加藤先生はよく話されますね。その経験ではどういったことが大きかったのでしょうか？

加藤　ひとつはとても単純なことです。金沢での伝道はうまくいっていたし、つまずきを感じていませんでした。ところが、二年ぐらい経つと、「あっ、牧師の務めというのは怠けることもできる」と気付きました。ルーティンワークになって、忙しくしていて、「いつもの通りに準備して、いつもの通りに説教をしてればいい」という誘惑に駆られます。一所懸命伝道していて、忙しくしていると、どこかで手を抜いても大丈夫だという思いが生まれます。準備ができないままで説教したという思いがあったときにも、「こんなひどい説教したんだから、この次の日曜日は誰も来ないぞ」と思っても、みんなきちんと来てくれます。感謝しながらも、やっていくうちに「手抜きしても教会はやれるのか」と思いました。

別の言葉で言うと、職業的な手練手管《てれんてくだ》を身に付けたということです。それは説教だけでなく、教会員との対話や教会員との付き合いなど、何でも「こういうふうにやればいい」と慣れて、いつもの通りに手を抜いて、そんなにしゃかりきにならなくても、教会は成り立つと感じてしまった。「自分にとって牧師が職業化している」、職業としての牧師職が成り立ち始めていると感じたときに、とても怖くなりました。その時に、一生に一度ですけど、「牧師は辞めた方がいい。こんなに不誠実なことはない。牧師という商売をやったらダメだ。現状では、商売になりつつあるじゃないか、お前」という気持ちになりました。どうしたらいいか分からなくなった。うまくいかなくなったのではなくて、うまくいっているところに乗っている自分をどうやって救い出したらいいのかという苦しみでした。これは何でも話していた妻のさゆりにも言えずに苦しみました。「牧師を辞めなくてはいけない。そうしないと神様に対して不誠実だ」と問いました。

平野　何歳ぐらいのときですか？

加藤　五六年に行って、五八年ごろにその問題にぶつかりました。

平野　三〇歳ぐらいのときですね。

加藤　牧師試験が近づいてくるころです。当時、連合長老会の前身、東京伝道局が一年に一回修養会をやっていました。そんな思いで東京に行って、帰りに教文館へ寄りました。東京に来るときにはいつも洋書部に寄っていました。その時のことはもう忘れもしません。緑色のペーパーバックのあまり分厚くない本で、トゥルンアイゼンの著作がありました。平賀先生がこの本を薦めておられたことを思い出し、パッと見て、値段を見て、ここでこの金額を払っても帰りの汽車賃は払えると思って購入しました。そして、読み始めて驚きました。キャンセルできる集会はすべてキャンセルして、二週間ぐらいで読み終え、平賀先生に手紙を書いたら、「そんなに感激したならば、翻訳したらいい」と言われて、翻訳を始めました。

そこで何に出会ったのかというと、職業的な牧師職からの解放でした。牧師であることは、何によって生まれるかということをトゥルンアイゼンは丁寧に書いています。そのなかで、前から福田《ふくだ》正俊《まさとし》先生を通じて知っていた「絶望における信頼」という、ルターがシュペンラインに宛てた手紙の言葉も、トゥルンアイゼンは慰めの対話のひとつの鍵の言葉として丁寧に書いています。

さっき言われたように、トゥルンアイゼンは、セカンドヴァイオリンかもしれません。トゥルンアイゼン自身もはっきりと、日本語版への序言で、「カール・バルトの神学的労作への、ささやかな手引き」だと書いています。つまり手引きとして読んでもらってもいいということです。この文章は、ドイツで紹介すると評判が悪かった。自分をセカンドヴァイオリンにはっきり位置づけるようなことを言う必要はないと言われてしまいましたが、私にはとてもよく分かりました。

私が若いときから親しんできた神の言葉の神学は、こういうふうに実践的に実を実らせるのかと思って。それ以降、職業としての牧師を営んでいるという感覚がなくなりました。後に『牧師の仕事』という本が出たときに、私とさゆりは初めからその意識はなかったものだから、さゆりは「私たちは仕事なんかやってないわよね」と言ったし、私もあんな題の書物は書かないなと思いました。牧師の務めは仕事ではないということです。

平野 バルトの神学が生きて教会のなかで働くポジティブな姿があったんですね。

加藤 そうです。

平野 それで自分の牧師としての務め、ミニストリーがあった。

加藤 そう。金沢での牧師としての実践の位置づけができ、楽しくなりました。

井ノ川 トゥルンアイゼンの『牧会学』の第Ⅰ巻の邦訳の副題には、原著にはない「慰めの対話」とつけられています。トゥルンアイゼンはこの『牧会学』のなかで、ルターがシュペンラインに宛てた手紙の「大胆に絶望し、大胆にイエス・キリストを信頼しなさい」という言葉や、ルターが作成したシュマルカルデン条項のなかの「兄弟姉妹相互の慰めと対話」という言葉を紹介しています。先生は、トゥルンアイゼンが『牧会学』のなかで、一人ひとりと膝を突き合わせて行う「慰めの対話」を重んじていると読み取られたわけですね。

加藤 ええ。あとがきにも書いたかもしれませんが、『牧会学』という表題になりましたが、あの表題に不満を持っていました。再校が出てきても、本の題が決まらなくて、「『牧会学』としろ」と平賀先生にも言われましたが「これは牧会学ではないよな」と思っていました。日本語の「牧会」

とも違います。

原題はゼールゾルゲ（Seelsorge）という言葉を使っています。ドイツ語のゼールゾルゲは、絶対に日本語で言う「牧会」ではありません。特に、あの本のなかでトゥルンアイゼンは、絶対に、ゼーレ（魂）を集合的に扱っていません。個別的な問題として扱っています。神の前では誰もが、ひとりの人間として生きていて、そのひとりの人の魂への配慮に集中するということです。だからあの本のなかで、魂への配慮に生きる人が、人と会うときには、「忙しいなかでその人に会っているという印象を与えるな」と言っています。自分の部屋を乱雑にして人に会うな、と言っています。こんなに忙しいところで会ってやっているというのではない、とまで言っています。私は、今、あなたひとりのためにいる、あなたひとりのためにこころを配っている、というメッセージです。そこから「牧会」という言葉は出てきません。

日本語の「牧会」は、集団を世話するという意味です。つまり集団としての教会のお世話をするという意味になってしまいます。お世話共同体の観念では捕まえられないから、迷っていました。そうしたら桑田先生から手紙が来て、「神学大学の教授会であなたの書物の題は『牧会学』とすると決めたのだから、そうしなさい」と（笑）。もう仕方がないからその通りにしましたが、せめてもの思いで、副題に「慰めの対話」とつけて一対一の対話だということを強調しました。本当に苦しみました。今は慰めの対話、あるいは特に魂への配慮という言葉がある程度定着してきて良かったと思いますが、牧会という言葉で意味するような、まとめて面倒を見るという日本古来の考え方は正しくありません。一人ひとりへの言葉が、牧会として魂への配慮、対話として成り立つときには、説教もそれに支えられます。

読書体験

平野 読者の便宜のために一旦整理をすると、ここまでのお話で三〇代ぐらいまでのお働きをなぞってきました。そこで、その時代に加藤先生を形成した青春の読書を聞きたいです。バルトの『クレドー』はよくお話なさいます。あとはトゥルンアイゼン『牧会学』の翻訳が大きいでしょうか？

あとほかに、何かありますか？

加藤 決定的な本は、キルケゴールの『死に至る病』です。

平野 それはいつごろ、お読みになったのですか？

加藤 第一高等学校に入る前、中学生の時でした。『死に至る病』は岩波文庫で読みました。斎藤《さいとう》信治《しんじ》さんという人がクリストフ・シュレンプのドイツ語訳から日本語に訳していましたので、そのシュレンプの原著を読みたいと思って、第一高等学校の時にドイツ語専攻クラスに入りました。志望動機を問われて、「『死に至る病』の原著を読みたい」と言ったら、「原著？ デンマーク語だけど」とね（笑）。その後、実際にシュレンプの訳を読むようになりました。『死に至る病』は私を捉えた本になりました。

平野　ご自身のお体のことが関係していたのでしょうか？

加藤　いえ。精神的なものです。今でも説教者たちに分かってもらえていないと思っている、私の絶望理解です。絶望とは罪である、罪とは絶望である。その絶望とは何かと言ったら、自己自身に関わる絶望で、さらに自己とは何かと言ったら、自己とは自己自身に関わる関係である。斎藤訳はそんな言葉で始まります。そういうところから始まる絶望の心理学です。一八四九年に出版されました。面白いことにマルクスとエンゲルスの『共産党宣言』が出版されたのはその前年です。いわば現代の方向を決めているような、暗示しているような本で、私に決定的な影響を与えました。

私の親しい友達のメラー先生も、若いときからずっとキルケゴールを読んでいましたし、ドイツでの影響力はとても大きいものです。日本でも実存哲学というと、キルケゴールから始めなければ、という雰囲気がありますね。バルトも『ローマ書』の初版を書くときにかなりの影響を受けています。バルトのものの考え方、人間の捉え方の背景に、キルケゴールがいると思います。

平野　今の大学生はキルケゴールをあまり読まないよね。

井ノ川　どうですかね（笑）。また新しい訳も出ましたけど。

加藤　そうですよ。デンマーク語からの訳がきちんと出ています。

平野　われわれの世代であっても、中学生で読んだ人はなかなかいないかもしれません。何が先生を捕らえたんですか？

加藤　人間の捉え方と、それから戦争中の人間の捉え方ですね。人間には基本的に絶望的な部分があるという捉え方です。その絶望において見えてくる人間の存在の本当の姿です。ハイデルベルク信仰問答でも、人間は生まれながら神を愛せない、憎むより他ない、と言います。隣人を憎むより他ないというのは、人間の悲惨という捉え方だし、絶望的な表現ですよね。キルケゴールの『死に至る病』も、神への導きの心理学的な入門だとはっきり言っています。その背景には聖書があり、聖書が捉える人間の現実の姿を最もよく捉えている作品です。

後に私はいくつかの学校で教えるようになって、津田塾大学で集中講義としてキリスト教概論を教えたこともあります。そのとき、パスカルとキルケゴールについてまず話しました。キルケゴールの『死に至る病』を取り上げると、学生たちはノートを取るのもやめて、じっと聴いていました。何十年か経って、九州かどこかに伝道に行ったときにひとりの女性が、「あの時の学生です」とおっしゃったこともありました。それだけ、キルケゴールやパスカルは、捉えるものがあると思います。とくにパスカルよりもキルケゴールは、現代的な言葉で人間の現実を捉えていました。

平野　『入信への道』（日本基督教団出版部、一九六三年）でキルケゴールの話をなさっていましたよね？

加藤　それと、圧倒的な影響を受けているのは、ドストエフスキーです。同じ時期に読んでいます。『カラマーゾフの兄弟』は、一年で三回も通読しました。

平野　中学生の時ですか？

加藤　そうです。「ドストエフスキー論」という、四〇〇字詰め原稿用紙に三〇〇〇枚のボリュームのエッセイを書きました。でも、空襲で焼けてしまって、今でも惜しいと思っています。ドストエフスキーは、賭けに溺れて自分が自分に絶望している状況で、人間の悲惨と望みを同時に書いた人ですよね。

講解説教を主題的に語る

平野　これからのお話で大きく分けるとふたつうかがいたいことがあります。説教学の形成の話とボーレン先生のこと。あとは、ご自身の説教のことをさらに聞きたいですね。加藤先生の説教の特徴として魂の配慮、説教黙想と説教分析、そして説教作成に関わる「七つのテキスト」のこともありますね。

加藤　ひとつの大きな発見は黙想です。これは竹森先生からも直接に教わっていないけれど、竹森先生はとても協力してくれたテーマですね。

平野　説教学は日本にはほぼ皆無だったと思いますが。

加藤　本がないわけではないです。福音派の方が書いた本があります。神学校である以上、どこの神学校でも説教学を教えてはいました。ただ専門の説教学者がおらず、校長が代わって教えることもありました。日本神学校では高倉先生が教えていたし、村田四郎《むらたしろう》先生も校長になったときに説教学を教えていました。

平野　そういう中で、東京神学大学に招かれたのは何年のことでしょうか？

加藤　一九六一年。

平野　まだ三二歳ですもんね。

加藤　そう。実際に教え始めたのは六三年。

平野　本当に若いときですね。それまでは――今でもそういうところがありますけれども――説教学はベテランの、比較的説教が上手な方が「私の説教のコツ」みたいな形で教えることが多かったですね。そういうなかで、加藤先生が三四歳で教え始められるときに、ある筋道があったのでしょうか？　つまりベテランの教師の「私の説教法」というのではなくて、論理立てながら、神学的なものに裏付けられながらお話されたかと思いますが、どのように教え始められたのでしょうか？

加藤　説教学は、初めにアメリカから教わりました。私の説教学の本『説教――牧師と信徒のために』（日本基督教団出版部、一九六五年）には、アメリカの説教学からも引用が多くあります。なぜドイツよりもアメリカなのかというと、アメリカの方が実際的だからです。ドイツの説教学は、「説教をどうやるか」というより、「説教とは何か」という説教の本質論を取り上げていました。神学校教育に直接は役立ちません。神学校の教育で、説教学に何を求められるかというと、実際に説教ができるようになるための勉強をさせるということです。組織神学のなかの一部分のように、「説教とは何か」を議論する講義とは考えられていません。そういうこともあって、最初はアメリカから学びました。

日本神学校では説教学をどうやって教わったかというと、かなり長く、アレクサンダー・ホイの『説教学』という本を読ませていました。この説教学は面白いし、有名です。最後に何が書かれているかというと、三分前に「先生、説教してください」と言われて、「はい」と言ってやれるようになるのが理想なんです。そんなことを書いている本ですけれども、そういう説教学とか、それから新しい著作をたくさん読みました。アメリカの説教学です。

井ノ川　一九六五年に、加藤先生の最初の説教学である『説教』が出版されました。加藤先生が東京神学大学での初期の「説教学」の授業の内容をまとめられたものです。第一部が「説教論」、第二部がルカによる福音書第五章一―一一節に関する六人の神学者の説教が紹介されています。ある意味で説教黙想とも言えます。第一部「説教論」において、「説教はパラクレーシス、慰めの言葉である」、「キリストのわざが正しく語られると共に、倫理を力強く勧める言葉でもある」、「キリストの救いのみわざを真実の慰めとして説くものである以上、それが生活にかかわりのある言葉、その慰めのもとに生きる現実の姿を語る言葉、その意味で倫理化された言葉となるのは当然だと思うのです。日本の教会の説教のひとつの重要な問題点が、ここにひそんでいる気がしてなりません」と語っておられます。加藤先生の説教論は初めから一貫していますね。

加藤　基本的にはそうですね。

井ノ川　説教はパラクレーシス、慰めの言葉であるという、その内容についてお尋ねします。説教は「慰めの対話」であると言い換えられていますね。その具体例として『説教』の第二部で、ルカによる福音書第五章のペトロの召命の出来事の箇所を、さまざまな神学者、説教者たちが取り上げ、説き明かしている、その説教を紹介していますね。

加藤 ドイツ語圏の神学者たちです。

井ノ川 ええ、そうですね。一つの聖書箇所を六名の説教者たちが説教しています。それぞれ特色があって、興味深いですね。

加藤 その時に、基本的に説教というのは講解説教（Expository Sermon）であり、主題説教的な趣がなければいけないということをすでに言っています。

井ノ川 講解説教を主題的に語るということですね。

加藤 そうです。

平野 それはどこから得たアイデアなのでしょうか？

加藤 それは僕のアイデアです。

井ノ川 『日本の説教者たち』（新教出版社、一九七二年）のなかで、植村正久《うえむらまさひさ》の説教の特色を紹介しています。植村正久の説教は、「主題説教の方法による講解説教のひとつのユニークなタイプである」と指摘されています。「講解説教を主題的に語る」ということは、日本の説教者たちに学んだということでしょうか？

加藤 というよりも、自分自身の説教の方法ですね。方法論的にいうと、そういうことをやっているということでしょう。アメリカの説教学者に学んで、僕の翻訳でいうと「即テキスト説教」「講解説教」「主題説教」と三つのタイプの説教がある。いずれも長短があるわけで、そのなかで主題説教の趣を持つ講解説教がいいと思います。

そう考える背景には、竹森先生の説教があるかもしれません。竹森先生も講解説教をしているようだけれども、われわれが聞いているときにはかなりはっきりと主題を掲げて話していました。ただ、晩年の竹森先生の説教はその主題がぼやけてきていました。

平野 加藤先生が若いときに聞いていた、代々木教会などでの説教はティーチング・サーモン（Teaching Sermon）と言えるものだったのではないでしょうか？

加藤 最初はどちらかというと主題説教です。熊谷先生も最初は主題説教です。それは面白いことに、一方で明らかに神の言葉の神学に学んでいて、熊谷先生はバルトの翻訳も既にありましたが、神の言葉の神学もドイツ語ではあまり読めないので、英語で読むとなるとエーミル・ブルンナーの方に傾いていました。そういう中で徐々に講解説教の意味を理解して、イザヤ書の講解説教に入ったと思います。当時の状況と戦うのには講解説教以外にはありませんでした。

説教黙想

平野 そして先生の説教学の基本となった、ドイツに行かれます。説教学といっても、実際に現実に作動し、現実に用いられなければいけません。加藤先生の特色は、説教の教師としてその説教の方法をある程度確立していくところにもありますね。それから「七つのテキスト」、聖書を読む方法としての説教黙想、語る道としての説教分析というテーマがあるかと思います。説教黙想とは、どうやって出会われたのでしょうか？

加藤　ひとつはドイツ告白教会との出会いです。日本にいるときにドイツ告白教会と出会っていなかったかというと、そんなことはないです。バルトも読んでいたし、バルトの説教にも触れていました。それでも、ドイツ告白教会に真剣に触れたのはドイツに行ってからのことです。ひとつにはドイツ告白教会にいて、戦った人たちが当時まだ生きていました。残念ながらハンス・ヨアヒム・イーヴァントは私が行く数年前に突然亡くなってしまいましたが。私がまず出会ったのはヘルムート・ゴルヴィツァーです。ゴルヴィツァーの説教を聴き、彼からイーヴァントの話を聞きました。「イーヴァントが生きていたら、君、良かったね」ということを何度も聞かされました。ある友達が、イーヴァントの黙想集の第二版（一九六四年）をくれました。その本を読み、そこで改めてバルメン宣言に基づく説教黙想を読んでひっくり返るほどの驚きがありました。バルメン宣言は一種の説教論のようなものです。その説教を実践したものとして、アイヒホルツが編集した『主よ、わが唇を開きたまえ』（Herr, tue meine Lippen auf）という黙想集に出会いました。誰かに黙想を教わるというよりも、黙想集を読むことで多くの驚きがありました。

日本に帰国し、福田正俊先生の牧師館を訪ねてドイツ滞在の報告をしました。そこでイーヴァントの話を興奮して話したら、先生はニコニコしながら姿を消して、それで「この本のことですかね？」と言って、その黙想集を持ってきました。線を引きながら、よく読んでおられました。「先生、こんなによくお読みになっていて、どうしてこういうのをわれわれに教えてくれないんですか。ひとりで楽しんで」と文句を言ったこともあります。福田先生もイーヴァントに出会っていました。

ドイツで黙想が釈義とは違う役割を果たしていることに出会って、同時にゴルヴィツァーだけではなく、東ドイツの教会と親しくなりました。東ドイツの教会をよく訪ねました。東ドイツには告白教会の説教者が残っていて、ボンヘッファーの牧師補研修所で実際に学んだ人たちにも出会いました。たとえばシェーンヘル先生です。告白教会は一種の説教の戦いだったと聞きました。実際にそういう人たちが良い説教者であり、良い牧会者でもあったと思います。これはかけがえのない出会いでした。

帰ってきてすぐに、日本でも説教黙想運動を始めました。竹森先生にも話をして、それで『説教者のための聖書講解』（日本基督教団出版局）という黙想雑誌を出しました。今は「黙想」という言葉もごく普通に使われるようになりましたけど、当時は知られていなかった言葉です。

平野　具体的に言うとすると、何がこころを打ちましたか？　それまでの経験と何が違っていたのでしょうか？

加藤　先ほども「こころ」という言葉が出てきましたよね。その時代ごとに、黙想は聴き手に届くための聖書の読み解きであり、注解書とは違います。注解書というのは学問的に言葉の意味なり、テキストの意味を明らかにするものです。簡単に書き直すわけにはいかないでしょう。

その一方で、黙想というのは毎年書くことができます。その時代、その場所において、自分の説教を聴いてくれる人のことを考えて書けるからです。ただし、黙想雑誌になると、各教会の個別性が入りにくく、ある程度抽象化しているところもありますが……。

当時のドイツの聴き手にこのみ言葉を神の言葉として届けるときに、どういう言葉があるかということを論理的にも牧会的にも神学的にも尋ねていく。私の言葉で言えば、聖書のテキストが変貌を遂げていく、ひとつの重要なプロセスになっています。ただし説教ではなく、その手前のところで、非常に深く思索します。イーヴァントの頭やこころの構造はどうなっているのかと思うくらい、驚くべきことをやっています。黙想というのはドイツ告白教会の非常に重要な遺産だと思います。

ドイツ告白教会の戦い

森島　加藤先生が「黙想」に注目されたときには、ドイツ告白教会の戦い、あるいは東ドイツにおける優れた説教者たちとの出会いが、いわゆるご自身の原体験である説教体験と非常に重なるようなものがあったということでしょうか？

加藤　重なりますね。ひとつは、先ほども天皇制の話をしましたが、信仰というのは神以外のいかなる権威からも自由になることです。ドイツ告白教会の戦いも、誤解している人がいるかもしれませんが、あれは平和運動ではありません。あの運動のなかでは「戦争反対」とは言っていません。

戦争に参加せざるを得なかったということはあるかもしれません。それでも、ヒトラーの戦争政策を批判しているわけではなく、権威の問題です。イエス・キリスト以外にわれわれの従うべき者はないということです。あるいは東ドイツの教会でとても大事だったのは、使徒言行録に出てくる使徒たちの戦いで、そのなかにある「人に従うよりも神に従うべきだ」ということです。ペトロたちが最初に主イエスが裁かれたところに引っ張り出され、「イエス・キリストの名によって語ってはいけない」と言われ、帰ってきてすぐキリストの名による伝道を始めるでしょう。それで法廷にいるときから「神にのみ従うべきであって、人間には従わない」ということを断固言い放っているわけです。

この間、鎌倉雪ノ下教会に行って、教会の入ったところに大きな掛け時計があるのですが、その下に額がひとつ置いてありました。その額は私が東ドイツから買い求めてきたもので、使徒言行録第五章二九節の言葉「人に従うよりも神に従え」と記されています。

以前、マイセンの教会の牧師館にしばらく滞在したことがあります。その時に九歳以上の少年少女に政府は軍事教育を強制し、キリスト者少年少女たちは拒否したということがありました。キリスト者は学校と正面から対立し、非常に厳しいところに飛び込んでいった戦いの様子を聞きました。そして日曜日が来て、礼拝に出て、礼拝が終わって出てきたら、日本の習字と同じで、聖書のテキストを写して書く、きれいなカリグラフィーの作品を、礼拝堂を出たところで何枚も売っていました。売っていたのは牧師の息子で、その息子は学校で戦っていたところです。「たくさんあるね。

迷うな。君はどれがおすすめ？」と聞いたら、「人に従うより神に従うべきだ」という言葉のものを出してきました。ひとつは信仰というのは権威の問題だと思います。まことの権威のある方のみに従う。他のいかなる者も神としてはいけない。それは日本の天皇制とも正面衝突するものです。

ヒトラーは「私は神だ」と言ったのですから、告白教会の戦いというのはまさにそれとの戦いだと思います。人間ではなくて、イエス・キリストに従う。バルメン宣言は古代の信条のマラナタ条項を回復して、「～する者は呪われよ」とはっきり言ったわけです。イエス・キリスト以外の者を権威とすることに対して、呪いの言葉を語っているほどに明確にしています。そういうことも、聖書の解釈のなかに出てきます。

黙想のひとつの特色は、非常に神学的、あるいは信仰告白的です。信仰告白的というのは、竹森先生に嫌というほど教わったことです。竹森先生は、聖書講解は聖書学的ではなくて、信仰告白を説教するものだと言っていました。もともとはヨルダン社から出版されて、二〇一六年に教文館から復刊されたイエス伝講解説教のタイトルも、『わが主よ、わが神よ』ですよね。「わが主よ、わが神よ」という告白を、きちんとするのです。それがドイツ告白教会の戦いでした。信仰告白として説教をする。それがどういうことかが黙想に出てくると私は理解しています。

朝岡　今おっしゃったところは、とても大事なところだと思います。加藤先生が、告白教会の戦いが説教の戦いだったと教えてくださっていたことを、私たちが十分に受け取ってきたのかという反省もあります。一方で、別の主題かもしれませんが、日本の教会のなかでのバルトの紹介、ボンへッファーの紹介、そのヒトラーの時代の神学の紹介のなかで、説教をめぐる戦いだったという事柄が、相対的に弱いような感じも受けますが。

加藤　そうですね。

朝岡　その辺りはどうしてそういうことになっているのでしょうか？　バルト受容の問題にも関わってくると思いますが、どんなふうに受け止められていますか？

加藤　そのことを修正したい思いもあって、『ドイツ告白教会の説教』（教文館、二〇一三年）という本を出しました。ひとつはドイツ告白教会や一種の抵抗運動はどこから来るかということについて、基本的な誤解もあると思います。権力との戦いには違いないけれども。

朝岡　日本でバルトやボンヘッファーの神学や思想が紹介される時に、これが本来の説教の戦いという文脈から逸れて、一九六〇年代のイデオロギーの対立のような文脈で捉えてしまったというようなことはなかったのでしょうか？　対権力、対国家というように。

加藤　それもあるかもしれません。ついでのような表現かもしれないけれども、戦争中の日本の教会がみんな国家権力に屈服していたわけではありません。私は、戦争中の教会を批判する人たちに対して、「それでは、そのころちゃんと生きて見ていたのか」「あなただったらどうしましたか？」という思いを持っています。私は熊谷先生の戦いを見ていても精一杯の戦いをしたと思います。東大の教授になった今道友信《いまみちとものぶ》さんが、朝日カルチャーセンターでの講義で、後のキリスト品川教会となった教会の牧師だった佐伯倹《さえきけん》について丁寧に語っています。今道さんは、戦争中カトリック教会のミサに行かず佐伯先生の説教を聴いていました。なぜかというと、カトリック教会では見られないきちんとした国家批判、あるいは権力批判を、佐伯先生は説教のなかでしていたからです。神以外に本当の権威はないと語っている。カトリックでは残念ながら、これまで信仰の筋を通している言葉は聞いていないとも言っていました。そういう戦いをした人たちもいたのです。

劇作家の木下順二《きのしたじゅんじ》さんは、戦争中、プロテスタントの牧師の説教の節操のなさにあきれて信仰をなくした人です。もともとキリスト者だったのに、教会から離れてしまっています。そういう事例もあるかもしれないけれども、基本的には戦っていたと思います。もちろん私は戦後、日本基督教団に限って言えば、指導者たちの責任の取り方は不十分だったような気がしています。私が小学校で教わったクラスの担任はキリスト者ではありませんでしたが、戦争が終わった途端に辞めました。戦争中軍国主義教育をやった小学校の訓導であったことを反省して、「自分には責任がある」と言って、私の父の工場の職工になっていました。そういう潔さは牧師には見られなかったし、むしろ解放されたという思いの方が強かったようです。自分には責任があるから辞めるという人は出ていないと思います。

平野　福田正俊先生がそうでした。一九四五年に信濃町教会をお辞めになりました。

加藤　そうですか。

平野　深い痛みのなかで決断されたようです。池田伯《いけだあきら》先生が記しています（『日本の説教II―8　福田正俊』［日本基督教団出版局、二〇〇六年］あとがき）。

当時、先生と同時期にドイツに行った人たちは結構いると思いますし、告白教会のことや当時のことを学んで帰ってきた人たちがいます。先生はそのなかでも説教に特化なさったということですよね？

加藤　うん。

朝岡　僕が申し上げたいのは、そこですね。ドイツ告白教会の神学と実践を学んだ先生方のなかで、加藤先生のように、その本質を説教の課題として受け止めた方もあれば、むしろ六〇年代の日本の政治状況のなかで、それを反権力的なものとして受け止めた方々もおられたように思うのです。加藤先生のなかにはそのような受け止め方はなかったのでしょうか？

加藤　それはあまりないですね。ゴルヴィツァー先生と触れていたにもかかわらず、その点ではゴルヴィツァー先生のそういう傾向とは、私は違いました。

平野　説教黙想を持って帰ってこられて、そのことを紹介され始めましたよね。一方で聖書学の方はブルトマンをはじめ、歴史批評学が日本の教会を席巻していきます。テキストから距離を置いて解釈して、今の実存に適応するという歴史批評学的な方法と、説教黙想は随分違いますよね？　それについてはどうでしょうか？　つまりもっと生きた神の言葉として、神の言葉の神学のなかで読んでいく。もちろんブルトマンも神の言葉の神学に位置づけられる場合もあります。ただ、テキストとの距離ということについていえば、随分態度が違うと思います。

加藤　それはだって、ボーレン先生に学んでいたから。

平野　そうですね。説教黙想を持って帰ってこられ、雑誌を創刊され、風当たりがあったんじゃないですか？

加藤　ないですね。

平野　なかったのですか？

加藤　それはない、日本では。書いたり話したりした人がいたかもしれないけど、私の耳には届いていませんね。

ボーレン先生との出会い

平野　それからボーレン先生との出会いが説教黙想を強めたわけですね。

加藤　そうです。ボーレン先生は新約学者です。オスカー・クルマンのもとで新約学の論文を書いた人です。「新約聖書における戒規について」という論文を書いています。ボーレン先生はバーゼルでバルトについて勉強し、バルトからクルマンのところで論文を書くように言われて取り組んだのですが、実際にはベルンで牧師になっています。ベルン出身の人はベルン大学の神学部を出ないといけません。ベルンで始めて、ベルンで終わらなくてはいけない。その間にバーゼルに行っていました。そのあたりのことは、『説教学Ⅱ』（日本基督教団出版局、一九七八年）に収録されているボーレン先生との対談に書いてあるのでここでは細かく話しません。ただ、ベルン大学神学部に、処女からの誕生さえも認めないほど非常にラディカルにクリティカルな組織神学者がいたそうです。オーソドックスな教理をすべて否定していました。なぜこんな男が神学部の教授であり得るのか、ということを考えて、戒規について論文を書いたのだそうです。

クルマンの新約学というのは、批判的な学問とはまた違います。ボーレン先生は思いがけずスイスからヴッパータールに呼ばれて、最初の講演が新約釈義に対する批判で、「どうして新約学で批判的な学問を勉強すると、説教ができなくなるのか」という問題提起をしました。講演の最後に、「新約学者は聖書を読むとき、きちんとお祈りをしなくてはいけない」と語って、憤激を買っています。その時に、ドイツの学問的な講演なのに、有名な新約学者のケーゼマンが聴衆のなかにいてヤジを飛ばしていました。そのうちに、彼は「こんな講演、聞いていられない」と言って、席を蹴って立とうとし、みんなが押しとどめたという騒動がありました。ボーレン先生の最初の奥さまが病気になったのは、それがきっかけだと言います。ケーゼマンがあまりに激しく言うので、心理的に衝撃を受けたのです。ボーレン先生はしばらくドイツの神学界でお払い箱になってしまいました。

ヴッパータール神学大学にはモルトマンやパネンベルクもいましたが、彼らはほんの数年でもっと大きい立派な大学に呼ばれて移りました。ボーレン先生には全然声がかからなくなって、ドイツの神学界で冷や飯を食った。私は、そこに行きました。

だからこそ、批判的な学問に対して、最初から無感覚でいられるようになったのかもしれませんね。ボーレン先生の説教学演習では、ギリシア語のテキストや注解書をひとつも読まずに、ひたすら黙想でした。ハイデルベルクで一学期間、しかも一日の授業時間が四、五時間ありました。一学期やっていて、黙想だけで、説教を書かせていました。

平野　加藤先生は告白教会の生き残っていた人々やゴルヴィツァー、あるいは東ドイツに行ってそういう方々に触れてこられたわけですね。

加藤　ボーレンさんはスイス人だし、ゴルヴィツァーとは非常に親しかったけれども、教会闘争の話はあまりしませんでした。ただ、同じ流れのなかにいましたね。特にボーレンさんの場合には聖霊論が入ってきましたから。

R. ボーレン先生

森島　加藤先生は黙想に関心を示されて、説教の準備の仕方もボーレン先生から手ほどきを受けておられたと思います。そのなかで学としての実践神学という課題にも先生のご関心や使命があったと思います。先生の『説教論』のなかに、実践神学固有の課題という仕方で、日本固有で、何をいかに語るかという定式が出てきますが、そういうものはドイツに行ってから得たものでしょうか?

加藤　ドイツでというよりも、日本でだいたいできていました。だから実践神学におけるパースペクティヴはドイツに行って初めて得たものではなくて、日本で考え、ドイツで文章化しました。ドイツにいる間に常勤講師から助教授になりました。これは日本的にいえば、何年か講師をやっていれば助教授に自然になれるのです。その解説をする暇もなくボーレンさんは、「俺のところにいたから、お前はプロフェッソールになった」と言っていました。

それで教授就任の記念講演を、ヴッパータールで全学生とスタッフを集めて任せてくださり、その時に「実践神学におけるパースペクティヴ」という講演をしました。その講演は、マックス・ガイガーというスイスの神学者とボーレンさんが編集をした、トゥルンアイゼンの八〇歳記念論文集に収録されました。日本で考えていたことが向こうで実を結んだと言ってもいいと思います。そこに、直接的にはボーレン先生は関わっていません。

森島　ということは、ボーレン先生から学ばれた、影響を受けたことは、説教黙想と説教分析ということになるでしょうか?

加藤　それと文学ですね。文学的センスが説教学ないし実践神学にどれだけ大事かということです。ボーレンさんは詩人です。現在スイスにおける詩人を一〇人数えると、そのなかにボーレンさんも入るくらいの人です。そういう詩的・文学的センスを——言葉の障害があって理解するのも大変でしたけど——随分学びました。そういう意味での感覚です。あるいはセンシビリティというふうに言ってもいい。知覚する能力です。それは学んだし、それも引っくるめた聖霊論的なものの考え方ですね。つまりある種の自由です。これは最初、猛烈に抵抗しました。例えばパネンベルクやモルトマンは共通の陣営を張って、「カール・バルトには聖霊論が欠けている」と言っていました。カール・バルトの終末論についても批判しました。それに対して、私は批判的でした。「だいたいバルトはそんなに非聖霊論的キリスト論を語ってはいない」と言って、それでバルトのキリスト論というのがいかに聖霊論的かという話を一所懸命にボーレンさんにしました。

それでも気がついたら、反対に説得されているという思いになってきました。それは私にとっては非常に面白い経験でした。マッサージを受けたようなものでした。「そんなこと、バルトは言っていません」とすぐ言うような、バルティアンで凝り固まっているような人はたくさんいます。そういう意味でのバルトからの解放が起きました。かえって「バルトの言う本来のものは、こういう自由なものだったのではないかな」と思わされました。バルトから距離を置いたわけではなくとも、バルトに対する新しい目は育てていただきました。

ボーレン先生のものを捉える感受性の豊かさもありますね。例えば『源氏物語』について、平気であんな文章を書く。随分やり合ったんですけどね。

森島　今の実践神学のところは興味深いです。ボーレン先生に学ぶ前からご自分のなかで実践神学の課題を考えていたところがあるということですね?

加藤　そうです。

森島　確かにそう思わされる節があります。実践神学とは何かという定義において、加藤先生とボーレン先生との間に距離を感じることがあります。特に聖霊論的なパースペクティヴにおいてです。ミッシオ・デイのように教会外に広がっていくようなものの捉え方よりも、加藤先生は日本の固有の教会形成や伝道の課題を見ながら、「(神の霊が)その自由のままにキリストのからだとしての霊的共同体である教会を形成したことを改めて重んずるべきではなかろうか」(『説教論』五二頁)とおっしゃっていますね。

加藤　逆に言うと、ボーレンさんは自分の立場から私の日本における教会形成と神学の結び付きに非常に興味を持っていました。ドイツのボイゲン城というお城のなかに、エヴァンゲリッシェ・アカデミーが入っていて、大きな宿泊施設があります。ボーレン先生の八〇歳の記念の時に、そこに七〇人が三日間泊まって、シンポジウムを開催しました。その中心の講演で、ボーレンさんの誕生日における誕生記念講演を私が担当しました。それを企画したのはボーレンさんと相談したメラーさんです。メラーさんはその時、私に「慰めとしての教会」(Gemeinde als Trost)というテーマを与えてくれました。「教会」はキルヒェ(Kirche)ではなく、ゲマインデ(Gemeinde)という言葉です。ゲマインデというのは信仰共同体としての教会を意味します。

私は、そこでエドゥアルト・トゥルンアイゼンの『牧会学』と日本における教会形成とがどんなに緊密に結びついているのか、二時間の講演をしました。若いときから知っている、ボーレンさんの弟子で、ゲッティンゲンで教えていたマンフレート・ヨズッティスが、批判の隙間がない、非常にきっちりした芸術作品を聴かされたような気がするととても褒めてくれました。

その講演では、鎌倉雪ノ下教会を教会として作っていくということと、トゥルンアイゼンを主として学んだ神の言葉の神学、そしてボーレン先生とがいかに結びついているかを話しました。だからアカデミックな学問の世界だけではなくて、ボーレン先生のもとで学んだ神学は、実際に日本の教会を作っていくのに役に立っているという話をしました。ボーレン先生も、それを非常に喜んでくれました。ボーレンさんは自分が理解している福音が、具体的に姿を現している鎌倉雪ノ下教会をとても愛していました。

そういう意味ではボーレンさんからいろいろなものを学びました。ボーレンさんはバルトの弟子だけでなくて、トゥルンアイゼンの弟子でもあるんですよ。

実践神学と倫理学

森島　一方で、倫理に関わるボーレン先生の実践神学理解は日本では難しいのでは、という思いもあるのでしょうか？

加藤　それも別の問題ですね。ついでにその話をすると、例えば哲学の世界で「実践哲学」というと倫理学がそのなかに含まれます。私は神学というのは哲学と違うと思います。しかし、必ずしもみんながそう思っているわけではないですよね。イギリスでは実践神学というのはむしろ倫理学です。だからスイスのボセーで世界教会協議会が実践神学の大会議をやったときに、一〇〇人以上の世界中の実践神学者が集まりましたが、英国から来たのは社会倫理学者でした。英国ではプラクティカル・セオロジー（Practical Theology）、実践神学というと、それは倫理学だと考えられています。私としては、大まかにいうと、倫理学は組織神学のパースペクティヴで取り上げればいいので、実践神学のパースペクティヴで倫理学的な主題は基本的に取り扱わなくていいという考え方を持っています。

ただし、これにはボーレン先生は反対していました。例えば、「原子力発電のことはどうする？実践神学では扱わないの？」と聞かれました。ボーレン先生の家のバルコニーに立つと、ハイデルベルクの原子力発電所が見えて、「あれは悪魔の発明だ。あれを悪魔の発明だと言える実践神学でないと困るんだよ」と言っていました（笑）。私はそれには反対ですね。それは倫理学の領域です。悪魔の発明だと言うことには反対ではありませんが、「学問のパースペクティヴから言うと、どうかと思います」と言いました。その違いはあるんです。

森島　日本の実践神学では、名前を出すと森野《もりの》善《ぜん》右衛門《えもん》氏は実践神学を扱いながら非常に倫理学に偏って、善悪の基準で実践神学のものを考えるようなことをなさっています。けれども加藤先生は、実践神学は善悪を基準にするのではなくて、「神の救済行為への人間の参与」（『説教論』五一頁）という働きのなかで何をいかに語ればいいのかという問題意識のなかで構築されていったと思います。

加藤　そうですね。

森島　私も教えていただきたいのが、それは世界のなかでは日本固有なのか、あるいは加藤先生固有の問題意識なのかということです。実践神学が日本に根付いているのかどうかは分かりませんが、非常に混乱が起きているのではという思いがあります。

加藤　日本語ではなかなか表現できないので「パースペクティヴ」という言葉を使っていますが、パースペクティヴ的なものの考え方を身に付ければ何でもないことだと思います。パースペクティヴ的なものの考え方での実践神学は、そのパースペクティヴから見た実践神学の構造だけであって、だからといって原子力発電所の問題を扱わないわけではありません。ただ、それとは違った、倫理的なパースペクティヴから論じるのです。

つまり、キリスト教会の実践を規定するのは、今言われたような「救済の神のみ業にどれだけ参与するか」ですが、それが善悪と無関係ではないわけです。それを取り上げるときには倫理学的なパースペクティヴに立つでしょう。パースペクティヴ的なものの考え方の特色は重複的ということです。倫理学的なパースペクティヴと実践神学的なパースペクティヴは、重なっていいのです。ただ、私はドミナントパースペクティヴ、支配的なパースペクティヴがどれかと言ったときに、実践神学のパースペクティヴがドミナントになったら原子力問題というのは脇に置かれると思います。それでもパースペクティヴを変えれば、原子力発電所の問題はすぐに出てくる、と私は思います。

森野さんの実践神学は私とは違いがありました。私は森野さんの実践神学を「WCC実践神学」と批判したことがあります。世界教会協議会は倫理的なものに偏りがちで、ミッション、伝道を無視するようになり、それは問題だと思っています。伝道か社会的倫理か、あれかこれかと論ずるのは現実的ではないでしょう。

平野　アメリカでも私が触れてきたのは教会形成の学としての実践神学でした。だから、そのなかで、この社会のなかで教会がどう生きるかということで倫理の問題が出てきます。教会を飛び越した思想や社会批判の道具ではないですよね。だから教会をそのなかでどう形成するか、説教をどうするか、ということです。

ドイツ留学

平野　先生はドイツに三度行ってらっしゃいますよね？　六五年からと七三年、八六年ですね。八六年は客員教授として行かれていますね。

加藤　そう。

平野　二度目の時がその『説教学』の著述関連でしょうか？

加藤　いえ、最初の渡航の時です。

平野　そうですか。ということは、三〇代のころにお手伝いされたのですね。

加藤　そう。最初の留学の時には、ゴルヴィツァー先生について、聖餐論をやりたいと思っていました。六月に行き、ドイツ語の履修をもう一回やり直しながらゴルヴィツァー先生のところを訪ね

1965年、ドイツに向けて

て、個人教授を夏休みの間、一週間に一日行って受けていました。そしてゴルヴィッァー先生と対話をして、先生は大抵「この本を読んでいらっしゃい」と言って、本を渡してくれました。そのなかで例えばカール・バルトの『神の言葉の神学の説教学』(日本基督教団出版局、一九八八年)としてのちに訳した本の草稿があって、「たまたまこういうのがあるんだ。自分がこれを出版に値するかどうかの評価をするように、出版社から言われているんだけれども、僕より君の方がきちんとできるだろう。この出版の可否を君に聞く」と言われました。一週間か二週間で読んで「ぜひ出版しましょう」と答えました。

そういうやり取りをして、「君、夏休みが終わったらどうするの?」と言うから、「いや。先生のところにずっといるつもりですよ」。「それはできないよ。僕も研究学期になって、ベルリンにいない。フロイデンシュタットという街の南ドイツに行くから」と言って、「そこまで付いてこられちゃ困るんだ」と。それで、「ルードルフ・ボーレンを知っているかね？」と言うから、ちょうどドイツに発つ前にボーレン先生の『説教と教会』（Predigt und Gemeinde）という論文集が出て、その全部は読まなかったけれども、いくつか読んで非常に興味を持っていたので、「一度お訪ねしたい」と言ったら、「お訪ねしたいでけなくて、そこに行ったらどう？」と言って、手紙を書いてくれました。「君も手紙を書きたまえ」と言われて、私も書いた。そしたら今度ボーレンさんから手紙が来て、「自分も研究学期だ。ただし、ヴッパータールにいる。本の著述をするための休暇を取った。本の著述を手伝うつもりならいらっしゃい」という返答でした。それで喜んで行き、すぐに『説教学』を読んで、批判を始めました。ボーレン先生に言わせると、私はヴッパータールに手紙を出したんだけど、その時はスイスにいて、スイスに回ってきたんです。「ぜひいらっしゃい」と手紙を書いて、その手紙をポストに入れ、その途端に反省した、と。「まだ会ったこともない、九歳も若い、日本という知らない国から来る神学者に著述を手伝えなんて、むちゃくちゃなことをどうして書いたんだ」と思って、ポストを開けに来る郵便局の人が来たら取り戻そうと思って、しばらくポストの下に座っていたけど、待てど暮らせど来ない。それで家に帰った。あとで、散歩の途中で、「ここだよ。僕が座っていたところ」と言われたこともありました。私の手紙が恋文のように情熱的だったので、こころが動いたそうです。そういう経緯があって行きました。

そして著述の原稿を読んで、「書いている通り。その通りです」と言うのではいけません。批判しなくてはいけない。「これは大変なところに飛び込んだな」と思って、必死になって勉強しました。助手の位置にすぐ置かれましたが、ドイツの助手は、教授が著述をするときには、もっと他のこともやります。ボーレン先生がこういう文献にこういうことを書いてあったはずだと思って、実際に書こうとするときに、「これ、実際に文献に当たって確かめてくれ」と言ってきます。一番大変だったけど面白かったのは、始めに説教の定義という部分がありました。いろいろな説教学の説教の定義と対決しようというので、僕ともうひとりの助手とで図書館に入って、そこにある説教学を端から読んで、「この人はこういう定義をしている。この人はこういう定義をしている」というふうに何十も書き出したかな。でも結局、ボーレン先生は「やめた」と言いました（笑）。

そういう勉強をさせられ、そして討論に入りました。デンマー君という助手がいました。デンマー君はどちらかというと脇役で、先生は僕と討論をしていました。僕の意見がいつも通るわけではなく、先生も反論し、論争になります。デンマー君はようやく終わって、戸口に立ったときに、「今日もまた戦場でしたね。どっちが勝ったか言わないけど」なんて。僕が勝った場合には、ボーレン先生は挨拶もしてくれない。私は「もうこれで終わりかな」と思って、妻のさゆりに「やはりここにはいられなくなりました」と手紙を書いて投函したら、さゆりから「あなた、日本でやっているようなことをドイツに行ってもやらないでください」と言ってきた。そこへボーレンさんが真夜中に現れました。真冬、零下二〇度のなか。コツコツとドアをたたき、「散歩に行こう」と言われました。そのヴッパータールの大学の隣りに公園があって、滑るようなところを歩いて、ふっと立ち止まって、「僕が悪かった。まだ続ける気があるかね?」」。「いや。妻から『あなたやり過ぎだ』と言われている」と言ったら、「あなたの奥さんは偉いかもしれないけれども、学問というものは何かということを理解していないようだ」ということまで言われてしまいました。

これは面白い対話で、スイスで出た人名辞典の「ボーレン」の項目にも、そのいきさつが書かれています。「日本から来た神学者とこういうやり取りをした」と。よほど向こうも面白く思ったのでしょう。

そういういきいきとした状況で、この人と出会っていました。日本の神学者とあんなに親しくしたことはないと思います。ずっとのちにファーストネームで呼び合うようになりましたしね。

朝岡　ボーレン先生のところに行って、すぐそういう作業が始まったのでしょうか? 少しお互いを知り合うような何かがあったのでしょうか?

加藤　そんなことは何もないですね。行った日に「ゴルヴィツァー先生の紹介の加藤です」と言ったら、「あっ、そう。上がりたまえ」と言って、「これ、やっているんだけど」と言って原稿を渡されて、「来週の何曜日何時までに批評を書いてらっしゃい」と。すぐに飛び込んでいきました。

井ノ川　ボーレン先生の説教学構築に加藤先生が参与されることによって、聖霊論的思考、神律的相互作用、聴き手の位置、黙想などが日本に紹介されました。ボーレン先生の『説教学』は加藤先生の日本における説教学構築にどのような影響があったのでしょうか?

加藤　肩がほぐれて、一種のマッサージを受けました。そうでないと、もっと固い説教学を書いていたと思います。それは明らかだと思います。

井ノ川　そういった意味で今までにない説教学が完成したのですね。

加藤　そうです。ただ、ボーレンさんは体系を作るということは神学的に問題だと言います。バルトもそう言っています。自分がやっている神学は「断片的」(fragmentar) だ、という主張です。だから先生は『説教学』で無理しているところがあります。完成しようとして、図式を整えすぎたところがあると思いますが、基本的には断片的なままでいいと思います。私の神学も断片的で、いつも未完成です。完成しないほうがいい。完成しないということは体系化しないということです。自分の立場を体系化すると「〜の神学」と呼ばれるような、あるオリジナルな原理を立てるようなことになります。それには関心がないのです。ボーレン先生の神学というのも、それが特色だと思います。

1965年、ヴッパータールにて
学生とのサッカーに教授会メンバーとして

朝岡　ボーレン先生のもとで学

ばれた際、特に聖霊論について最初は戸惑われたそうですね。加藤先生がボーレン先生の説教学を翻訳したことでオランダの改革派の神学者ファン・ルーラーの「神律的相互作用」という言葉が初めて日本に紹介されたと思います。その聖霊論的な思考ですよね。加藤先生は、バルトのキリスト論のなかにもそういう聖霊論的な思考はあると考えておられますよね。「シュライエルマッハーとわたし」（J・ファングマイアー『神学者カール・バルト』加藤常昭・蘇光正訳、日本基督教団出版局、一九六九年所収）にあるように、バルトが最後はだんだんと聖霊論の方に展開しようとしたこともあって、初めて説教者の問題や人間が、そこに位置づけられるようになりました。

加藤　そうそう。

朝岡　先ほど、加藤先生はご自身の説教スタイルについて、竹森先生の説教を福音派流にまねをした、とおっしゃいましたが、その上で、ボーレン先生のもとで聖霊論的な神学を学ばれたことは、まったく新しい経験だったのか、それともそれ以前にすでに先生のなかにあった聖霊論的な思考が位置づけられたということなのか。そのあたりはいかがでしょうか？

加藤　きちんと位置づけられたかどうかは分かりませんけれども、位置を獲得したことは確かです。何度も言いますけど、バルトにもそういう考え方があります。「説教は人間のわざじゃない」という考えがバルトの考え方のように言われていますが、そんなことはありません。バルトの説教の定義のなかにも、人間のわざということが言われているし、特に神の言葉の神学のなかで非常に実存的な説教者の魂が聖書の言葉と出会って、どんな経験をするかというようなことを語っています。

特に大事なのは『福音主義神学入門』（新教出版社、一九六二年）です。『福音主義神学入門』というのは非常に人間的で、「驚き」といった、こちら側の経験を語っています。神学から始まっていますが、神と人間との出会いをブルンナーのような形で定型化はしていません。「出会いの神学」みたいなふうには規定していないけれども、神の言葉の出来事が今ここで起こったときに、人間の側に何が起こるか、人間がそれにどう参与するかということは、バルトはきちんと見ていると思います。それが聖霊の働きのなかで捉えられるので、私はそういう意味で、バルトを一方的に「キリスト一元論」（Christomonism）、すべてキリストのみ業で人間が参与することは全くない、というようには考えないのです。それははっきりしています。私が訳した『説教学』でもそうです。

日本の教会における説教の課題

平野　先生が帰ってこられて日本基督教団出版局から『説教者のための聖書講解』を創刊なさったのは、いつごろでしょうか？

加藤　翌年だと思います。

平野　六八年ですよね。それで説教黙想は、今は教団では試験の一学科になっていますし、いろいろなところで『説教者のための聖書講解』が基本になっていますが、ご覧になってどうですか？

聖書を読むということが、批判的なクリティカルな読み方でなくて、聖書を教会のなかで神の言葉として耳を傾けて、神学的な黙想を目指しています。五〇年経ってどうですか？

加藤 厳しい質問ですね。要するに、「お前、何をやってきたか？」という（笑）。

平野 いや、そんなことではありません（笑）。

加藤 自分がどれだけやるべきことをやってきたかという問いにもなるし思いますが、残念ながらなかなかみんな習得していません。

平野 何が足りないのでしょうか？

加藤 ひとつにはね、すべてが足りないみたいなところがある。

平野 それだと身も蓋もないので、身と蓋をくっつけてほしいのですけど。

加藤 ここには教文館の編集者の方もおられますので、その方たちが日本の神学者に触れてどう見ておられるのか分からないけれども、私自身は組織神学というか、もっとはっきり言うと「福音」がその人に存在化もしていないし論理化もしていないというように思えます。上滑りしている気がして仕方がありません。

平野 加藤先生とご一緒に、私も『説教黙想アレテイア』の編集委員を担当していますが、最近査読会を始めています。大変恐縮ですが、これまで人が書いた説教黙想を丁寧に読んだことはありませんでした。それで編集に際して改めて丁寧に読み始めて、多くの問題に気付き、「どうしよう……」と思い始めているところです。

加藤　反対に聞くけれども、何が足りないですか？

平野　何だろう。やはり言葉と……。

加藤　今、「言葉」と言われたけど、言葉に対する感覚もあるでしょうね。つまり、聖書を読むときに感覚化しているということです。

例えば、こういうことがあると思います。私は東大の哲学科で学んでいました。東大の哲学科は京大の哲学科ほど人気のある哲学者もいなかったし、面白い先生もおられたけれども、それでも地味な学科でした。何をやるかというと、ひたすらテキストを読む。私は東大で論文を書いたときに、カントの『理性の限界内における宗教』を取り上げました。池上鎌三《いけがみけんぞう》という主任教授につきました。何を言われたかというと、「この本だけを読んで、参考文献は一切読むな」ということでした。

論文ができ上がって竹森先生に見せた時、竹森先生はすぐにパッと後ろを開いて、参考文献表があるかと思ったら参考文献は何もない。なぜかというと、参考文献を読むことを禁じられたからです。非常に単純な、簡単なことを求められたようだけれども、実際は違います。カントの宗教論について学者が書いた本を読むことになったら膨大な量になってしまい、参考文献が読み切れない。それを一切禁じられるのは、助かったのではありません。むしろ、自分の目でカントの言葉を読まなくてはいけないわけですから、これは非常にきつかったです。

聖書を読むときにも基本的にはそれと同じだと思います。もちろんその時に自分自身のなかにいろいろな学者の本を読んだ蓄積があるはずです。けれども、この聖書テキストについて「誰が何を言っているか」を勉強して、説教ができるかというと、そうではないです。

ベルリンにいたときに、ベルリン神学大学で実践神学の授業をのぞいたことがあります。メルケルさんという実践神学の教授がいて、その先生の説教学の演習に出ていました。三週間ぐらい経ってメルケルさんが、「あなたはよく発言するとボーレン先生に聞いていたけど、黙っていますね」と言うから、「うーん。発言の余地がない」って。「どうしてですか」と言うから、「先生は聖書テキストを与える。けれども、学生たちの議論を聞いていると、このテキストについてケーゼマンが何を言ったとか、誰が何を言っているかという注解書や神学的な引用はたくさんするけれども、それが行き交っているだけで、この聖書テキストから神の言葉をどういうふうに聴いて説教するかというテーマにはなっていない」と言ったところ、メルケルさんが怒ってしまいました。自分の指導が悪いと批判されていると思ったのでしょう。けれども、学生たちは聖書テキストを読んでいないのです。聖書のテキストを神の言葉として読むということができていないと黙想にならないのです。

平野　もう少し率直な言い方をすると、黙想を読んで、それが説教になるとは思えない、ということですよね。

加藤　そう。

平野　説教黙想の後にさらに二つ、三つやらなければ説教にならない。あるいは、いろいろな注解書や神学書の引用を並べて、そして形は整っているけれども、生きたいのちが全然伝わってこないという黙想です。

加藤　ぐーっと浮かび上がってくるものがない。

平野　どうしてなのでしょうか？　それは聖書を読む場所の違いなのでしょうか？　それこそドイツ告白教会の、イーヴァントがいたようなところと、今のわれわれ説教者は全く違う場所から聞いているのではないかと思うのです。うまく言えないですけれども……。

加藤　助けてよ（笑）。

森島　私が説教を聞いているとき、あるいは黙想を聞いているときにでも、教会の現実の問題、誰と言わなくても、そこに生きている教会員の人間のそれぞれの抱えている問題とどれだけ向き合えているのかと思います。子育て世代、中高受験生、あるいは介護者の方たちに向けて。いろいろな問題を抱えている現実とどれだけ取り組んで聖書の言葉を読んでいるか。黙想が聞こえてこない、そういう説教にならないからこころに届かない、私に語りかけていないというような説教になっている気がしています。先生の言葉で言うと、「黙想ができていない」ということになると思います。

加藤　そうです。

森島　そうすると、そのような黙想をするということは、聖書を読み、いろいろな教会の伝統やいろいろなものを聞きながらも、そこに教会員がたくさん出てくる、そういう黙想にならなくてはいけないということですか？

加藤　そうです。ただそれだけではありません。それはドイツでも起こった批評ですね。イーヴァントが始めた黙想は、ゲッティンゲンのファンデンヘック・ルプレヒトという出版社が中心になった『ゲッティンゲン説教黙想集』という黙想雑誌を生み、イーヴァントが編集者をやっていました。

それに対して、ドイツのなかで批判が出てきました。その批判のグループは、『説教研究』と題する黙想雑誌を出し始めました。それを始めた人のなかには、例えばベルリンで商店教会というのを始めたエルンスト・ランゲがいます。ランゲという教授は、教会堂で説教せず、ひとつの商店であったところで説教をしました。私も礼拝に出たことがあるのですが、商店街の肉屋さんだったところを借りて、ショーウィンドウにポスターを貼って、ガウンも着ずに背広を着て、講壇ではなくテーブルを置いて、背広のままで話をする。その方と礼拝の後に話をしました。木曜日には説教委員会を開き、正確には覚えていませんが、学生と主婦とどこかの商店主とか、聴き手のなかのいくつかのジャンルを代表する人たちが一〇人近くいたかもしれませんが、説教委員会を作り、そこで自分が今度の日曜日に説教をする聖書のテキストの説き明かしをして、語り合います。みんなのリアクションを聞いて、その上で説教を作るという形です。それは、今の問題のひとつの克服の方向かもしれませんね。

ハンス・ヨアヒム・クラウスが、一九六六年に、『力ある説教とは何か』(佐々木勝彦訳、日本基督教団出版局、一九八二年)という本を書きました。あるとき、ボーレンさんとの討論に行ったら、「この本読んだかね?」とその本を見せられ、「僕、読みました。とても面白い」と言ったところ、「面白いよね。君、これからハンブルクに飛びなさい」と誘われました。それでクラウスへ聞きたいことをまとめた質問票を持って、彼を訪ねたことがあるんです。その時に、クラウスは「グループワークで説教ができるか？」ということを言っていました。神の言葉というものは、――真っ裸になった説教者の実存と訳してもいいかもしれません――現実存在（Existenz）そのものが神の言葉に身をさらして、孤独になって、聴き取るものだという主張でした。グループワークの黙想に対しては、非常に厳しい批判をしています。ボーレンさんもそちらに賛成でしたね。

森島先生が言われたことは確かにその通りですが、どう乗り越えていくかが問題です。ボーレンさんとハイデルベルクで一九八六年に一緒に教えたとき、授業前の打ち合わせで言ってくれればいいのに、時々突然「君の出番だよ」と言って任せてきます。ヨハネによる福音書第一五章のぶどうの木のたとえを取り上げていました。急に「君、ここで黙想をやってくれ」と言うのです。そこで、原稿なしで、いろいろなやり方をやってみせました。

ひとつは聴き手との関わりの黙想。どうするかというと、鎌倉雪ノ下教会にこういう物理学者でこういうところで働いている人がいるとか、あるいはこういう先生がいるとか、こういう主婦がいるというような具体例を挙げて、その人にとってこの言葉はこういう響きをもつだろうと黙想していきました。一時間話して、学生にとっては半分分かって、半分分からないままです。やっていることは面白いと思うけど、自分は聴き手の体験を持っていないからです。自分が聴き手であるはずなのに、聴衆とテキストを結びつけようと考えてしまうとおかしいのです。「学生たち一人ひとりが、自分の存在のなかでこのみ言葉を聴いてくれ」という意識で話すけれども、なかなかピンとこないようです。ただ、そういう努力はしなくてはいけないと思います。雪ノ下教会で牧会していれば「これは○○さんにはこういう意味を持つな」と分かるのです。そういう部分もありますが、その人の意見を聞いて、討論を聞いて、説教できるか、というとそうではない。こちらのひとりの責任になりますね。

森島　信徒一人ひとりと、ひざとひざをつき合わせるような形で、個人の悩みと祈りに寄り添うということですね。

加藤　魂の配慮をしていないといけませんね。

森島　そうしないと説教はできないということですよね？

加藤　そうです。厳密に言うと、他教会に呼ばれて伝道礼拝で説教を語ることは、非常に制約されます。伝道説教と自分の教会での説教とは違います。

平野　私は個人のパーソナルなことに応える説教という意味で、聴き手についての理解が十分ではない面も確かにあるとは思います。ただ同時に、今の説教者は聴き手に対して非常に優しいです。むしろ、今の問題は聴き手への心理療法を超える説教の言葉を、牧師たちが失っているということではないでしょうか？

加藤　そうですね。

平野　イーヴァントの説教で驚いたのは、「われわれ教会が生き残ろうが残るまいがそんなことはどっちでもいい。それは神様にお委ねすることで、われわれは地の塩であればいい。地の塩であるということと迫害されるというのは一息で語られることだ」ということを語っている部分です。預言の説教という側面と言えばいいでしょうか。

井ノ川　そうですね。日本の説教者は預言者としての姿勢を失い、預言としての説教を失っています。

平野　細かく治療してあげる黙想はいっぱいあります。それも十分ではないものですが。ただ、さらに、そういうスケールのある黙想はなかなかありませんね。

森島　加藤先生がボーレン先生にインタビューをしたときに、ボーレン先生がこういうことを言いました。聴き手と対話したときに、「それでは教会は形成されない。ただキリスト教的世界が育てられるだけです。それは教会を作らないのです。その教会も、異端化することがある」（R・ボーレン『説教学Ⅱ』日本基督教団出版局、一九七八年、四二二頁）ということをはっきり言われていますね。その問題とも重なると思います。

平野　そうですね。

加藤　その通り。それはさっきの僕の言葉で言えば、宗教を作ってしまうということです。説教が宗教的な言葉になる。福音の言葉ではない。

平野　逆に言うと、――アメリカでは「ユーザーフレンドリーチャーチ」と言いますが――黙想自体がユーザーフレンドリーになっていて、力を失っているのではないでしょうか？

加藤　サービスのしすぎということですか？

平野　そうです。サービスしようと思って、何かを聞き取ろうとしているのではないかと思います。

先生が持ってこられた告白教会の説教黙想と、五〇年後のわれわれの時代の日本の黙想は、形としては受け継いだけど、いのちを受け継いでいるのだろうかという思いです。

加藤　そういう意味では日本の教会は今、戦っていないのではないかなと思います。

平野　そうなんです。

加藤　戦っていないし、伝道していない。伝道するというのは、時代と戦うところがあるけれど、今はただ、時代のなかに埋没しています。今でもやっているかもしれませんが、われわれはよく仏教のことを「葬式仏教」とか、社会の役に立つ宗教化した営みというようなものを仏教に見て批判していました。今のキリスト教会はしばしばそれと同じ状態に陥っていると思います。今の社会に埋没し、安住の地を求めて、自分たちが生きていればいいというように、戦っていないと思います。

ただ、そういう教会というのはだんだん細くなっていくだけじゃないですか。自分の勢力を保っていると思っているかもしれませんが、だんだんと衰えていくでしょう。今のハリストス正教会なんかは社会的にはあまり存在感がありませんし。悪い意味ですが、牧師が僧侶化するということです。そうすると、下手に力ある説教はしない方がいいということになる。

平野　だから、その聖書を黙想するときにも、聖書に自分を変えられたくないというか、あまり教会に口出ししないでほしいという意識に立っているのでしょうか？　黙想のいのちを欠いてしまっていますね。

森島　私自身が加藤先生から学ぶときに、加藤先生のセンスといいますか、あるいはパイエティみたいなものがどこから来たのかと考えていくと、預言者的説教との出会い、そういう言葉の出会いがあるという思いに至ります。平野先生も「そういうものとの出会いがなければ難しいのではないですか？」と最初に言われましたよね。今のプロテスタント教会の課題は、そこにもあるのではないかなと思います。つまり、み言葉に打たれて救われるという、神を神とする原体験を欠いているのが今の社会ではないか。そうすると、今後どのようにしたらよいのでしょうか？

平野　礼拝のなかでの説教の聴聞体験みたいなこと？

森島　説教者自身が、そういった体験があるかという課題です。

井ノ川　名古屋でドイツ告白教会の説教を二年続けて、加藤先生の手引きを受けて学びました。それが『ドイツ告白教会の説教』となりました。そこで加藤先生が紹介されたのは、「ドイツ告白教会の説教の中心にあるのは真剣さ（エルンスト）」。「告白教会の説教は切ればすぐなまなましい血が流れ出てくる。それに対してわれわれの説教を切ると、脳髄が姿を現す」とまで語っています。神の面前に生きる真剣さ。神のみを神とする真剣さ。私たち今日の伝道者、教会は、その真剣さを失っているところがあります。

加藤　どうしたらいいでしょうか？

井ノ川　クリスティアン・メラー先生が『慰めの共同体・教会――説教・牧会・教会形成』（教文館、二〇〇〇年）のなかで、ルターの「サクラメント的黙想」を紹介しています。聖書黙想において、「生きた福音の声」、キリストの「罪の赦しの宣言」を聞いているかどうか、存在も言葉も変えられるような生けるキリストとの交わりをしているかどうかが、黙想において問われているのではないでしょうか？

森島　もうひとつの問題は、鈍感になっているということではないでしょうか？　今の社会の問題も、政治的な動向に対しても、牧師、教会、人間、社会すべてが鈍いと思います。

加藤　現役の牧師ではないのでよく分かりませんが、信徒は政治的な発言を牧師がすることに興味を持たないし、むしろ「それをしないでくれ」と言うでしょう。そういう話になると、信徒が政治的な話に抵抗するといいます。朝岡先生の教会はどうですか？

朝岡　私が仕える教会の信徒たちは、よく受け止めておられるので、私は政治的な事柄によく言及します。それでもキリスト教全体を見ると保守化が進んでいると感じます。牧師が何か政治的な発言をするのはいいけれども、個人でやって、教会を巻き込まないでほしいという意見があります。つまり教会全体が社会に対して自らを閉じてしまい、無関心を決め込む。それが知らず知らずのことか、あえてのことかは分かりません。しかし、信仰告白に関わる事態が生じていても、それと関わりを持ちたくない、教会のなかに持ち込ませたくないという傾向が、教会のなかに広がっているように感じます。一方で、教会がこのような課題をどのように扱うのか、知恵が必要だと思います。

あと、今の教会は終末論をどう理解していて、終わりとの関係で今の時代をどう見ているのかということではないでしょうか？　その混乱や認識が浅いことも、ひとつの要因としてあると思います。

加藤先生にうかがいたかったのは、預言者的であることと、旧約をどう説くのかということです。律法を語ると律法主義だと言われてしまう。十戒を教会で話そうとすると、初めての人が来たときに「ああするな、こうするな」と言われる印象を与えるからやめましょうというようなことが起こる。神の戒めをどう受け取るか。かつて日本の教会が十戒の第一戒、第二戒を破ってしまったという悔い改めを忘れて、目の前で進んでいる右傾化や国家主義化に対して、あえてそれらと向き合わずに、事柄を矮小化しているところがあるように思います。

平野 教会もだけど、牧師仲間でもその話は難しいですよね。朝岡先生は随分先頭に立って、名前がよく出るぐらい政治的なことに関わっていらっしゃいますね。教会の信徒の方はそれが嫌な人はいなくなるし、支持してくれる人だけが残っているのでしょうか？　それでもそんなにたくさんいなくなってはいないと思いますが……。

髙木 私は朝岡先生の教会で役員をしていますが、朝岡先生の発言で抜けたという人はいないですね。うちの教会には自衛隊の方もいますが、朝岡先生が政治的な発言を教会のなかでも、説教のなかで入れたとしても、教会はそれをきちんと権威の問題として捉えていると思います。そこでは政治か社会か平和運動かという枠では考えられていません。

森島 要するに政治の話といっても、「社会運動の」というわけではなくて、「神を神とする」という信仰に立つということですね。

朝岡 そうです。今の時代に教会が説教をするときに、福音を説こうと思ったら、この問題は避けられません。「いや、牧師は講壇からそれを言うな」と注意されたら、僕は、「もうこの講壇にはいられません」と答えるでしょう。神様がみ言葉を通して、この時代に対して語れと言われているからには、語らないといけないことを語らなかったら偽預言者になってしまいます。うちの教会は、礼拝出席者が六〇人ほどの教会ですが、説教壇から語っていることは、目の前の教会員だけに語っているわけではありません。同時に今の日本の社会に対しても語っていて、もっと言えば、世界に対して、時代に対して語っています。そう思うと、目の前の信徒の一人ひとりを黙想すると同時に、今の時代をどう見るかが抜けてしまうと、現状肯定型の説教しか出てこないのではないでしょうか。私の理解が当たっているか分かりませんが、ボーレン先生が言う聴衆を黙想するときの終末論との関係で、聴き手がどういう人になっていくのかという視点を変えてしまうと、結局、黙想集をなぞるだけの黙想になるのではないかと思います。

終末論的に生きる

森島　ボーレン先生が若いころおばさまを亡くされたときに、「死を越える望み、キリストの再臨の信仰というものを目のあたりに見たのです。こういう信仰を、牧師は教えてくれませんでしたね」（R・ボーレン『説教学Ⅱ』三九八頁）と証言されています。もうひとつ、大学のなかに集まりがあって、再臨信仰について語られていてびっくりしたと、ボーレン先生が話されていますね。これをボーレン先生が、「教会を生かしている信仰の秘義に初めて触れたような気がした」(同)と言われました。

加藤先生は若き日に福音派に属する教会にもおられたし、今心血を注いで取り組んでいらっしゃる活動を魅力的に思って、つながってこられた方々もホーリネスの関係者が非常に多いですよね。ホーリネスの方々については、教団のなかではホーリネス教会が戦中弾圧されていくとき、ある神学者が「あれは誤った信仰だ」と証言したメモ書きが残されていますが、加藤先生自身はそうは感じておられないと思います。今の「終末論的」といった言葉と、今ここに生きておられるキリストの臨在を聖書の言葉を証しすることで担おうとすることと、キリストの再臨信仰。現在においては、それらが欠けているのではと問題意識を持っています。それについてはどう思われますか?

加藤 特に最近考えていることです。今のキリスト者、また説教塾で説教を聞いていても、終末論的な感覚はあまり聞きません。それはホーリネスの先生からも同じですね。「ホーリネスは今、再臨についてはどう考えているのだろうか」と考えるし、ホーリネスそのものが随分変質してきました。われわれとあまり変わらない。ただ、教団の教会についても、この再臨信仰がそんなに明確でなくなっていて、再臨信仰というよりも終末論と言ってもいいと思いますが、終末論的なものの見方が衰えています。ボーレン先生は非常に関心を持つテーマです。

ボーレンさんやバルト、トゥルンアイゼンのことを考えると、ボーレン先生とトゥルンアイゼンとの出会いは『神が美しくなられるために』に面白く書かれています。あと、ブルームハルトですね。ブルームハルトが果たした役割があるし、私はブルームハルトの本も訳していますけれども、彼に対して批判がないわけではありません。

終末論的というのは、この世に望みを持たない、つまり絶望していることです。今、説教塾で問題になっているのは、私が絶望を語ったことについてあまり理解が得られていないことです。私の説教が理解されないまま宙に浮いたという経験をしています。悲しい思いをしてはいますが、他方から考えると自分で興味深く思っているところもあります。ひとつの理由は、私が語った「絶望」というのがピンときていないと思います。その「絶望」とはどういうことか考えるときに、終末論的なモチーフが欠けてしまっているということだと思います。終末論は、この世に絶望すること、要するにこの世ではなく向こう側に望みを持つということです。

身近なことでは、私の妻は三年前に亡くなりました。私に手紙を書いてきた人が、「天におられるさゆり先生と対話をなさっておられることでしょう」と書いてきたこともあります。その背景にあるのは、魂は天国にあって憩うという、霊魂不滅という考え方です。私には全くその感覚はありません。さゆりは死んだのです。

ひとつの支えになっているのは、メラー教授が僕に書いたメールにあった言葉です。私は、「さゆりが安らかに眠りにつくがごとく死んだ」と書き送ると、メラー先生は「神が眠らせてくださいました」と書いてこられました。そして、「神がお定めになったとき、再び手に取られ、こう呼びかけてくださるためです。『起きなさい、さゆり、甦りの朝だよ!』」と書いてくださった。私自身の死んだ妻に対する態度は、そういうものです。妻は死んでいて、全く絶望的なことです。その絶望を慰める意味で、心情として、妻の写真を見ながら「ただいま」と声をかけることはあります。それでも、妻が何かの形で生きているとか、魂が生きているとかいうことは考えていません。神がいのちを与えてくださるかどうか、神の時に、神様が覚ましてくださるかどうかなんです。終末論は、人間の時ではなく、神の時を知っているということです。でも多くの教会や牧師は、今の時しか生きていないと思っています。だから終末論的な次元が欠けています。

バルトやボーレンの、神の言葉の神学の非常に大きな特質は終末論です。変な言い方かもしれませんが、ボーレン先生は終末論的な顔つき、非常に悲しい顔をします。人間の周りには悲しみしかありません。今の日本や世界を見ても、人間が将来ユートピアを開くなんてことは考えられないでしょう。憲法の話も出ていましたが、どちらかというと、お先真っ暗に感じられます。北朝鮮の指導者の顔を見ても、トランプ大統領の顔を見ても、希望がありません。しばらくは光があるかもしれないけど、光は神の側からしか射してこないでしょう。終末論的に生きるということは、決定的に、最終的に預言者として生きるということ、それしかないと思っています。政治的に何か預言的なことを言うか言わないかという問題ではないのです。政治的関心を持つか持たないかということも、二次的なことです。だから黙想をするといっても、イーヴァントには非常にはっきり終末論的な思いがあります。だからこそ、人間について絶望的なことを平然と言えます。「これは神の問題だ。向こうからどうしてくださるかということだ」という態度です。現代では、その「向こう」という感覚がないのではないでしょうか。彼岸を知っているということだけではないのです。それは、仏教的なことになりますから。そうではなくて、向こうから来る終わりの時を知っているということです。

聖書の言葉は非常に終末論的な次元を持っています。主イエスがお語りになることでも同じです。それに対する感覚を失っていると、聖書のテキストは分からなくなってしまいます。

説教批評・説教分析

平野 まだまだ黙想の話も続けたいのですが、説教批評の方に移っていきたいと思います。加藤先生が説教作成について、その方法としてご紹介され続けてきたのが説教批評だと思います。そのスタートは、ハイデルベルク大学の創立六〇〇年でしたか？

井ノ川 ハイデルベルク大学創立六〇〇年です。第一回国際説教学シンポジウムが開かれた一九八六年です。

平野 その年がスタートでしょうか？

加藤 いえ。私の手元にある文献や資料によると一九六五年から六六年にかけてヴッパータールに行った時に、冬学期は著作の検討に集中していましたが、夏学期はボーレンさんも授業を担当し、演習も教えていました。その時すでに説教分析を教え始めています。そのボーレンさんの説教分析を支えていたのは、コミュニケーション論です。当時、コミュニケーション論は一般社会でも問題になっていて、コミュニケーションでこちらからあちらへ言葉が伝わるというのはどういうことか、という議論が盛んでした。

一九八六年にハイデルベルクに行った時に、その内容に変化がありました。『説教論』が書かれた時代にゲルト・デーブスという助手が来て、詩人でもあるし、ブルトマンの神学を勉強した神学者でしたが、障害を持っていました。障害のために、実際の牧会はできずに、ボーレンさんの助手を続けていました。デーブスが研究したのはコミュニケーション論ではなく、構造分析でした。文学における構造分析論を取り入れました。これはコミュニケーション論と違います。ちょうどベルリンからハイデルベルクに移ったこともあって、ハイデルベルク・グループというのが形成されていました。僕は海を隔てていたので、大陸を隔ててと言ってもいいかな、積極的には参加できませんでしたが、一応そのメンバーでした。そのグループを作っていたのは、ボーレンさんの助手をやっていた人たちで、彼らが独自の分析論を形成しました。ここからコミュニケーション論から構造分析にぐっと変わっていった結果、実を結んだのです。

その糸口を作ったのは、前にさかのぼると、ヴッパータール時代に僕が行く前に、ボーレンさんの助手だったヨズッティスです。ヨズッティスは、私の滞在中に現代の説教における律法主義に関する本を書いて、非常に面白く読みました。ボーレンさんが、「君、そんなに面白いならヨズッティスのところに行ってみたら?」と提案し、ヨズッティスはラインラントのフンスリュックという地域の村の牧師で、私はそこに一週間泊まって、ヨズッティスの牧会をずっと見て、一緒に家庭訪問について歩きながら、彼の著作について、律法主義を批判したことを私はさらに批判をして、いろいろと語り合いました。ヨズッティスがボーレンさんに与えた影響としては、説教の分析をきちんとやっていくと、この説教は福音を語っているか、それとも律法主義の律法を語っているのかが分かるというものでした。ハイデルベルク・グループの説教分析論を導いていくときの、ひとつの方向付け、オリエンテーションでした。

平野　加藤先生の説教学関連の最初の翻訳は、ヨズッティスの『現代説教批判――その律法主義を衝く』（日本基督教団出版局、一九七一年）になりますか？

加藤　そうですね。

平野　説教をどうやって批評するか、ですね。批評ができるようになれば、自分の説教がよく分かるようになって、改善に導かれていくでしょう。加藤先生はずっと続けられてきたことだと思います。ちょうど私が学生のときに、加藤先生がハイデルベルクから帰ってこられて、説教分析のいろいろなものを持ち帰ってこられました。

加藤　最後の授業？

平野　そうですね。そのころ、加藤先生は説教分析を熱心に紹介してくださいました。

加藤　八七年のことですね。私の説教分析は、構造分析からは意図的に離れています。ゲルト・デーブスが主導権を持っていたから、構造分析に結びつきすぎていました。私自身はデーブスに距離を置いていました。一方で賛成する面もあり、デーブスの分析論を支持しながら、他方から見ると「それだけではないでしょう」とよく言いました。構造分析による批判でいうと、文学批判にも関わります。文学批判の構造主義的な分析は、文学作品がどうでき上がってきたかは問わず、ここにあるテキストだけを問います。

私は、それはおかしいと言いました。一種の抽象性だと思うし、理論のための理論ではないだろうか。そのことについて渡辺善太先生とも議論しました。渡辺善太先生の正典論も、そういうところがあったからです。でき上がってきた聖書六六巻の姿だけを論じるわけで、マルコによる福音書で「神の国のたとえ」を扱うときに、「神の国のたとえ」がどういうふうに伝承されてきたか、つまりその背後にある歴史を尋ねることを、渡辺先生は禁じたのです。それでしょっちゅう議論をしました。渡辺先生は、「君は賢いようで頭が悪い。喉に何か引っかかっていて呑み込めていない。俺がそのトゲを抜いてやろうか」とまで言われたくらいです。私は聖書のテキストは歴史的なテキストだから、歴史的形成の部分は無視できないと思っています。渡辺先生も初めはそこから入っていった人ですが、それを拒否し、現象学の助けを借りながら、「ここにある書物だけ」と主張していきました。私としては背後にあるものは大事で、きちんと理解した方がいいというのが、構造主義的な分析との違いです。

ただ、そういうなかで私は分析批判をこう考えています。分析というのは何かというと、平野先生も言われることだけど、「この言葉でこの説教者は何をやっているかを明らかにしろ」ということです。「ムーブ」という言葉でも、説教の「動き」でもいいのですが、説教は生きた言葉が動いているから、その生きている言葉の力学をきちんと計らないといけません。力学を計りながら「ここでこの説教者は何をやっていますか?」と問うことです。テキストの何についてどうやっているか、聴き手にどういうふうに届かせている、そのためにこういう言葉を見つけているということが分析できるはずです。それは、基本的には東大の哲学科で学んだことだと思います。説教塾のセミナーでも、「それなぜ?」と聞きます。その「なぜ」を問うことから分析批判が始まります。説教の分析批判は感想ではありません。面白くないとか、面白いという感想を、「なぜ面白いのか?」と解き始めたときに初めて批判が始まります。

森島　先生が言われている説教分析、説教批評は、ただ学問的にアカデミックにマテリアルなものを批評分析するのではなく、説教することと同じ姿勢で分析するということですね。「愛による批評」(『説教批判・説教分析』教文館、二〇〇八年、二六頁)という言葉もありますが、そういうことが説教分析・批評には大事だということでしょうか?

加藤　ええ。ある意味で説教のなかに入り込み、批判するときには説教者以上に説教のなかに入り込む姿勢が必要です。これはカントの批判の学びから影響を受けているかもしれませんが、カントの批判は、たとえば人間の認識が、この認識はどうして普遍性を持った認識として成り立つかということを「どうして?」と問うときに、認識作用の外に一度出ます。ドイツ語では transzendental、日本語では「超越論的」「先験論的」と訳します。説教をしている人がいて、聴いている人がいて、それをもうひとつ別のパースペクティヴから見るということです。場合によっては語り口やどうしてここでこういう声が出ているのか、話す時の姿勢に至るまで問うこともあります。実際に説教をさせて、批判的なパースペクティヴから光を当て、この人はなぜこういう声になって、こういう話し方をしているのか、どういうセンテンスを語っているのか、ということまで「なぜか？」と考えます。ある意味で好奇心に満ちた問いというのが批判を導いていきます。

森島　この説教分析・批判は、私も説教クリニックという名で教えていただいて、育てていただきました。その経験は大事だと思います。ただ、何のために加藤先生がこれを日本に紹介したのかを、今一度確認したいと思います。説教黙想のときにはどのようにして説教を作成していくのか、その過程では、説教黙想が大事だということを加藤先生は認識されています。説教批評・分析は、これは自分自身を省みてもできなければいけないものだと思いますが、同じようにして説教ができるというようなことなのでしょうか？

加藤　構造分析から来た説教批判をやる人はそこまで考えません。そんなことは余計だと言いますが、そうではないです。ハイデルベルクでのシンポジウムの報告書がドイツ語でまとめられていますが、その報告書の題は『説教への道としての説教分析』です。つまり「説教への道」なんです。だから説教ができるようにしてあげないといけません。

説教塾で説教分析を取り上げるときに、説教改善提案をも求め、「それでは、どうしたらいいですか？」ということまで私が聞いています。「こういう理由であなたはこういうことをやっている。

これではダメだ」と言われるだけだと、どうしようもないわけです。「どうしたらいいか？」までこちらも言えないと、相手はただ困るし、追い込まれるだけです。今後は「ここではこういうふうにしたらいい」ことまで批判として言います。

例えば、私の声楽の先生もそうでした。この歌はここが間違いだと言うだけでは教えることになりません。教える人は、問題があるならば、それをどう克服するかを教えてくれないと、本当に教えたことになりません。私が習った柳兼子先生は、「困ったわね」と言って、私と一緒に「こうよ」と歌ってみせてくれました。そうすると歌いながら、「ああ、そうか」と気付きます。先生は理屈で批判するだけではなくて、批判したものを乗り越えた歌い方を知ってなくてはダメです。「ここはこう歌うのよ」と言って、歌ってみせてくれる。あるいは私が歌っていると、先生が一緒になって歌ってくれる。シューベルトの「冬の旅」の「影法師」（ドッペルゲンガー）などを柳先生と二人で並んで立って歌ったものです。忘れがたい体験ですね。そこまでいかないと本当の批評にはなりません。説教の聴き手が「この説教はつまらない」「面白い」という感想のレベルでは本当の批判・分析にはならないでしょう。

森島　私は加藤先生にクリニックをしていただいた原体験があり、その通りだと思います。ところが、加藤先生が紹介してくださった説教分析・批評が、説教黙想以上にうまく身に付いていなくて、私自身分からないところもあります。ボーレン先生に加藤先生がインタビューされた時の話がよく出ています。その時にボーレン先生がなぜ説教分析をしたかというと、あるひとりの演習のなかで素晴らしい説教をした学生がいて、自分も感動したという。素晴らしくて、第一印象はとても良かったけれども、分析を始めたら「どんなにこの説教がひどいものか、神学的にもどんなに間違っているか」（R・ボーレン『説教学Ⅱ』四一八頁）ということが分かった、とボーレン先生はおっしゃっていますね。説教分析・批評は、神を神とする言葉として説教がそれを担っているときに、「本当にそれをしているか？」ということを問わなければいけないので、本当に大事な作業です。ただ、このようなことが起こって説教批判・分析をすると、説教者自身も萎縮するのではないか。正しい説教をしなければならない、ととらわれることが起こり得ないだろうかというのが、私の問題意識です。

もうひとつは、私が加藤先生と学生説教塾で出会った時に、最初に問題提起をしたことです。加藤先生はこれにはあてはまりませんけれども、私たちが説教分析・批評したときに、良いものも一緒に摘み取ってしまうのではないかということです。せっかくその人のなかに良いものがあるのに、それまでなくしてしまうことが起こり得ないでしょうか？

加藤　それは分析が間違っていますね。

森島　その通り。身に付いていないのです。そういう事柄が今、起こっているのではないか。これを克服するためには、どうしたらいいのかというのが私自身の切実な問題です。

加藤　批判というのは何のためかがピンと来ていないからでしょう。批判というのは批評とも言います。批評は「悪いところを見つけるものだ」と思うからいけません。説教塾で一緒に批評しているときにしみじみ思います。悪いところを推敲するのはやさしいです。

『本のひろば』という冊子があるでしょう。あれは書評誌のようだけど、書評誌ではなく、本を売るための広告誌ですね。例えば私が『ドイツ告白教会の説教』を出すと、ドイツ告白教会の専門家に『本のひろば』の文章を書かせなくては、とだいたい考えます。そうすると専門家というのは、「俺の専門領域で他のやつがこんなことをやった」というような変な意識が働くことがあって、その場合に間違った意識が強くなったときには、『本のひろば』ではそんなことはめったにはないけど、あら探しの批評が出てきてしまいます。これは「批評」が間違っています。「何ページの何行目に誤植がある」ということは出版社に言えばいいことで、広告誌に書くようなことではありませんね。むしろ『本のひろば』で大事なことは、この本はどんなに良い本で、こう読めばどんなに面白いかを書くということです。それは売りたいからそうするのではなく、批評とはそういうものです。まずその本の良いところが見つけられる書評を書く自信がなければ、『本のひろば』の原稿を引き受けるものではないと思います。

説教の批評も同じです。説教の問題点も見つけるけれども、良い点もきちんと見つけることができないといけません。ただ倒してしまったら、立ち直れないでしょう。私は絶えず演習のときにも、「改善提案は?」と聞いています。説教批判というのは勝負を競うことではなくて、相手を立たせるためのものです。だからキリスト品川教会での説教塾の集会での説教ではコリントの信徒への手紙一第一三章の言葉を引用して話をしました。説教批判は愛のわざだということです。

森島　私の間違った印象だったら正していただきたいのですが、加藤先生が説教批評、説教分析をされたときに、「褒めることが少ないな」と感じています。私よりももっと世代の若い人たちは「ゆとり世代」「さとり世代」と言われている人たちです。その世代は「褒めて育てる」ことが主流です。ところが先生はそういう世代ではありませんよね。

加藤　そうですね。

森島　一方で、牧師はすぐにサボる、楽をしたがる、怠ける、ということに対する加藤先生の姿勢は、禁欲的だとも思います。ご自身の戦いのご経験もあって、褒められた記憶が少ないということがあったから褒めない姿勢をおとりになっているのでしょうか？　そんなことはないと思いますが。

加藤　あなたに対してはそうですね。だって褒めなくても、きちんとやってくれると思っているし。そんなに批判したかな？

森島　いえ、そういうことを言いたいのではありません。説教批判のご発言は急所を突いていますから、納得がいきますし、説得力があるし、私はそれで成長させていただいたので満足しています。ただ、傾向として、説教分析・批評というときに、説教塾のなかでも褒める分析をしている人はいるのか、という問いがあるのです。

加藤　私がやっている限り、改善提案ということはいつもついてまわります。ただ改善提案というのは、褒めるということと違います。褒めるところがなければ仕方がありませんし、褒められることを期待して批評を受けるというのは、また違うかなと思います。欠けがあったら、それをどう補って改善するかが問題です。「褒める」とは少し違いますね。結構褒めているつもりだけど。ねえ、平野さん。

平野　このごろは僕がけなして、加藤先生が褒めるという感じでしょうか（笑）。加藤先生が優しくなったもんだからね。私はちょっと自分で「言い過ぎているな」と思うこともあるくらいで。

加藤　僕が「そんなことないよ」とよく言っています。

森島　自分で説教をしているときに、どこが良くて、どこが直さなくてはいけないかがはっきり分かるような説教分析や批評やクリニックがされなければいけない、ということですね。

加藤　そう。それはやっているでしょう。

森島　自分たち自身でもそれをやらなければなりませんね。

加藤　その時に褒めるところがなければ仕方がない。

森島　なるほど。それが今の日本の説教の問題点ですね。褒めるところがない説教者を、説教できるようにさせるというのは、これは至難の業ですよね。

加藤　その通りです。

平野　興味深いこととして私が思うのは、先生がなぜ作文術をお教えにならないでずっとこられたのかということです。アメリカの学校では、私自身三人の説教学の講義に出ましたが、そこでは作文術を教えています。レトリックや構造の作り方、言葉の流れの作り方など、作文の手ほどきをする講義です。加藤先生はそういうことは教えておられませんよね。どうしてなのかという疑問を持っています。

加藤　あまりそんな要求もないから。

平野　手を抜かせないようにしているのかなと思っています。なぜかがとても気になっていましたが、なかなか聞けずにいました。

加藤　作文術ということでしょうか？

平野　そう。「ここの表現はこうした方がいい」と赤で作文を添削していくような、説教の作文術です。一般的に、日本でも説教を教える人はそういうところがあるのではと思います。先生はそういうことには関心がなかったのでしょうか？

加藤　あまり関心がないですね。説教をそうやって直してもらったこともありません。私自身、作文術なんて教わったことはないな。

平野　国語教育でもそういうことは取り上げられませんか？

加藤　僕は作文の先生は良い先生に何人も教わってきたけど、あまり作文術というのは教わらなかったですね。徹底的に朱は入れられたけどね。

説教塾の設立

平野　次に説教塾のことをうかがいたいと思っていますが、その前提として、東京神学大学を五七歳のときに先生は退かれたんですね。定められた年齢まで働くことが多いかと思いますが、五七歳でお辞めになるというのはどういう理由があったのでしょうか？

加藤　ひとつは簡単な理由で、健康ですね。首を痛めて、頸椎の神経根症という病気で痛みを抱えていました。もともと鎌倉雪ノ下教会のような大きな教会を牧会しながら、神学大学の教授をするというのは、そんなに簡単なことではありませんでした。その首の痛みが出て、入院中に覚悟して、すぐ松永希久夫《まつながきくお》学長に連絡を取りました。それからずっと痛みがありました。その後新しい教会堂も建ててささげることができたし、ちょうど良いタイミングで辞めたとは思っています。

　説教塾の成立は、おもしろいところがあります。その前にも説教セミナーというのは単発的にやっていたんです。特に今、宮城学院に行っている島田《しまだ》順好《まさよし》牧師や澤田《さわだ》隆《たかし》牧師などの学年がよくクラス会をやっていました。そのクラス会の代わりに説教の勉強会を計画したんですね。それが、説教塾成立に至るひとつのきっかけでした。芳賀《はが》力《つとむ》先生なども出る説教セミナーを不定期で、どこかに泊まり込んでやるということを始めていました。

　一九八六年秋に、ハイデルベルク大学創立六〇〇年記念のシンポジウムがあり、ハイデルベルクに行きました。その時はもう東京神学大学の教授は退いた後でした。そのシンポジウムには一四か国から三〇人の説教学者が出席していましたが、その場で申し合わせをしました。それぞれの国に帰って、テーマとしても「信徒運動としての」という言葉を入れましたが、信徒にも呼びかけながら説教振興の運動をしよう、ということになりました。ただ、その一四か国のうち、それをきちんと実行に移したのはドイツと日本だけですね。

ひとつは、アメリカでは神学部や神学大学を卒業しても、卒業生のためのセミナーというのがわりあい積極的に行われていて、改めてそれを考える必要がなかったんです。ドイツ語圏、スイスやドイツでは、初め説教塾に似たような勉強会をやりかけたようです。ただ、そこで牧師たちが共同の勉強ができなかったのです。なぜかというと、皆それぞれ一国一城の主になっていて、互いの批判を受け付けないような状況がありました。そこでドイツ語圏では、ヨーロッパの教会ではよくしているんですけれども、信徒たちに呼びかけて献金を募り、ハイデルベルク大学に説教研究所を作りました。この研究所は今も続いており、そのホームページはなかなかおもしろいです。ボーレンさんの若いときの原稿もPDFで読むことができます。

そういう意味では、ハイデルベルクでの申し合わせを実行しているのは唯一日本だけだと言ってもよい。わたくしが持ち帰りハイデルベルクでのシンポジウムの趣旨を生かして説教塾を始めました。この場合には信徒が直接は参加していないですが、卒業後の牧師のための研修を始めた、という経緯があります。ですから、一九八七年にドイツから帰国して、その年の秋に最初の会をやっています。

平野　説教運動をしようというときに、どういう含蓄があったんでしょうか？　つまり、ただ上手な説教をする人を育てよう、ということではないですよね。

加藤　そうではなくて、シンポジウムの出発点になったのは、ひとつはボーレン先生の意向がありました。ボーレン先生の場合には、ヨーロッパと言っても、結局は自分たちが過ごしたドイツ語圏の教会の——今の日本と同じかもしれませんが——説教が停滞しているんですね。停滞しているひとつの大きな理由は、職業的に説教すればいい、というような気持ちがあるからです。学生は卒業してからも注解書がいろいろ出ていますが、特に興味を持つのは説教黙想ですね。『ゲッティンゲン説教黙想集』だけではなく、他にもいろいろな黙想集が出版されています。

しかも牧師は皆忙しい。結婚式、葬儀、堅信礼教育……。そうすると、説教を手早くまとめるようになって、日曜日に説教という言葉を語ることに上手になっていきます。かつて若草教会でわたくしが悩んだような、職業としての牧師の務めが成り立ってしまいます。説教黙想も便利な文献として用いられるようになって、注解書を読まなくても、黙想を読むようになります。黙想は神学者や有力な牧師たちが、この箇所はこうすれば説教できる、と書いてくれているので、注解の作業を飛ばしていけるんです。そういう文献はアメリカでも便利な参考書があります。それに近い働きをしていると、牧師が職業化し、説教も一種の職業的な営みのなかで固定化していきます。固定化すると何が起こるかというと、いのちがなくなるんですよ。イーヴァントが説教黙想運動をやっていますが、告白教会の時代からそれが起こっています。

ボーレン先生は、説教者を揺さぶりたかったんですよ。「それでいいのか？」と言い、肩をたたき、こころを揺さぶる、という思いがありました。説教分析も、今やっている説教は実際にはこんなことしかやっていないということを分析的に明らかにするという側面があります。

特にボーレン先生の関心は、今の教会が説教で福音を語っているのか、それとも結局は律法を語っているのか、ということでした。この場合の律法というのは福音的な律法ではなく、律法主義的な律法を語っているのではないかという問いですね。内容も問うているのです。そういう点で、説教の固定化を揺り動かす運動が、ボーレン先生の意識のなかにあったと思います。ハイデルベルクのシンポジウムに出席した人たち全員に、その意識があったかどうかは別問題ですが。

ボーレン先生の意図を理解して、シンポジウムで主題講演をしたのがロータター・シュタイガー先生です。シュタイガー先生の主題講演は非常におもしろいものでした。そのなかで「これは神の言葉の神学の側からのデュプリークだ」と言われたんです。「デュプリーク」というドイツ語は法律用語で、一度やった対論を再度弁論を繰り返すという意味で、二番目の弁論というような意味の言葉です。

つまり神の言葉の神学というのは、何度でも息を吹き返すわけですけれども、「二番目の神の言葉の神学の立ち上がりだ」とシュタイガー先生は言ったわけです。ですから神学的にはそういう背景があって説教塾を始めましたし、説教塾を進めていくときに、はっきりとその神の言葉の神学ということを意識していました。後に京都で開催された国際説教学会のときに、わたくしが担当した主題講演では、シュタイガー先生の講演を思い出してもらうように話をしました。

今の国際説教学会は、あまりバルト的ではないですね。間接的にはバルトの影響はウィリモンなどが出てきているかもしれませんが、それは国際説教学会の影響と考えることはできないでしょう。

今、国際説教学会の学風は、全体的にはアメリカの説教学会に支配されているように思います。基本的な出発点は、神の言葉の神学の立場に立って、今の固定化して職業化している説教者を揺さぶり、説教を揺さぶりたい、ということです。そういう意味で、説教のルネサンス、説教の改革をボーレン先生は考えていました。

ただ、非常に残念なのは、ボーレン先生はそういう問題を鋭く説かれますが、運動として具体化する腕は持っていないんですね。ですから、その点で打ち上げ花火がそのまま終わってしまったという思いがあります。説教塾では、そういうボーレン先生の意図をかろうじて保っていると思います。

説教塾の歩みと実り、そしてこれからの課題

平野 そういった国際的な説教運動の流れのなかで説教塾が作られたわけですね。そこで改めて説教塾に軸を移しながらもう少しお話をうかがいたいです。

一九八七年に開塾、年表で見ると、一〇年間は鎌倉雪ノ下教会の牧師とこの説教塾の歩みを一緒になさって、今度はそこを退かれて二〇年間、ずっと説教塾主宰をされていますね。

加藤 そう。

平野 おうかがいしたいことはふたつあります。ひとつは、どういうプロセスで今のこの説教塾に

なってきたのか。今、三〇教派を越えて日本全国、一八のブランチがあり、会費登録者が三〇〇人近くになりました。これだけ多様な教派の者たちが、説教という課題のために共に歩んでいるという動きは、世界的にもおそらく例のないことですし、世界史的にもないかもしれません。初めは小さなところから始まったとは思いますが、その歩みを聞かせていただきたいです。

もうひとつは、三〇年たって、何ができて、何ができていないとお考えでしょうか？

加藤　初めの問題は、わたくしはいろいろな企みを持ってはやってはいないんですけど、ひとつ、ずいぶんいろいろな批判がありながらも取った態度は、教派にこだわらないということです。超教派と言う人がいますが、福音派のなかに、いわゆる超教派という概念は別にあるんですね。そういうものではないです。

わたくしは、一方で教派はとても大事だと思っています。わたくしははっきり改革派であり、長老制の教会を重んじるという姿勢は変わりません。ですが、どこの教会でも、これはカトリックも含めて、教派を絶対化、自分を絶対化して、「自分の教派以外の教会はキリストの教会ではない」と言い始めたら、とんでもないと思っているんですよ。特にわたくしは、これまで生きてきたことのひとつの大きな恩恵はカトリックとの交わりにあります。

ルターが想像もしなかったと思うような、カトリック教会との融和のなかに生きていますね。特に一九六五年にドイツに行ったときに、ちょうど第二バチカン公会議が終わるところで、そしてその第二バチカン公会議がどんなに決定的なカトリック改革をもたらしたかを目の当たりにしました。

ドイツでは神学の論文集を読んでいると、論文を読んだだけでは、カトリックかプロテスタントか分からないほどです。後で名前を見て、肩書きを見て、「ああ、これはカトリックの司祭だ」となるわけです。神学的にも、特に実践神学の世界ではそれを乗り越えていっているんです。そういうところを見ていると、主イエス・キリストという方は偉大だなと思うし、そのキリストの福音というものは教派教団の枠を越えて語られるべきものだということを感じます。

ましてプロテスタントの場合には、主イエス・キリストの福音と言ったら、ホーリネスのなかにでも語られているし、他の教派でも語られていると思うものですから、それは大事にした方がいいと思います。皆それぞれ教派のなかにいて、教派の自己主張を持ちながら、それと同時に教派の枠に苦しんでいるところがあります。

だから、その教派を捨てることはないし、教派を越えることはないけれども、自分の教派の立場を大事にしながら、共通の福音の言葉は求め得るものだと思います。ただ、こういう考え方はわたくしが関わっている連合長老会の仲間には、どうも理解してもらえていないところがあります。連合長老会の仲間のなかには、「信仰告白も一致していない人たちがどうして説教を一緒に勉強できますか?」と、わたくしに直接言った人もいます。わたくしは「そんなことはない、説教塾に来てごらんよ。連合長老会よりもホーリネスの方がきちんと説教しているところもあるよ」と言っているんですね。

そういう意味では、教派を越えて、今少なくともカトリックの司祭は参加していないけれども、地域によっては聖公会の方が来ています。そういうところで、教派を越えた日本における福音の言葉を追求することができているということは、企んだわけでもなんでもないのですが、自分自身がそういう姿勢でいたことは間違っていなかったと思って喜んでいます。特に、キリスト品川教会に会場を移してから、大勢の方がいらしてますね。

第二の質問は、特に最近悩んでいることです（笑）。

一同 （笑）。

加藤 自分の言葉がどこまで通じているのかなということは、こういう言葉を使っていいのか分からないですが、少し自信をなくしています。

つまり、こう言ったらこういう言葉が戻ってくるはずだと、説教塾のなかではこうなるはずだと思っていても、その答えが戻ってこないことがあります。レスポンスが頼りないとか、違った方向に行って、途方に暮れるということがありますね。説教塾に来ておられる方たちに、「これ、なぜだろうか？」と、むしろわたくしから聞きたいぐらいですね。

それにしてもよくここまで辛抱しながら、これだけの人たちが同じ仲間になってくれているなと感謝しています。私は説教塾のことをスイスで何かの機会に報告したら、スイスの牧師たちがびっくりして、「教派も違う人たちが一緒になって、自分の説教を批判されることを受け入れるというのはスイスではとても考えられない。隣の村の牧師と一緒に仲良く話をしても、互いの説教の批判になったら、けんかばかりだ」と言って笑っていました。それほど牧師というのは一国一城の主だということでしょう。自分の言葉には、説教には間違いがない、そんなに批判されるところはないと、皆が思っているようです。だから「日本人はよほど寛容なんですね」と言われたので、「そうですよ。主イエスのためには寛容になる」と、ちょっと偉そうなことを言ったんだけれども。それは感謝しています。

平野 例えば、異なる教派だと、教理や信仰告白のことになれば、テーブルに一緒につけないと思いますが、なぜ説教のことだと一緒に勉強できるのでしょうか?

加藤 例えば、ホーリネスの人なんかと聖書のテキストを説いているとき、「この人はある意味でホーリネスでなくなっているな」と思うことはあります。ホーリネスは「四重の福音」と言って四つの枠があって、そのなかでものを考えているようなところがありました。

そんなことをしているうちに、中田重治《なかだじゅうじ》の伝道一〇〇年の記念の講演のことで、とてもおもしろいことがありました。ホーリネスに関わる九つのグループがあるそうですが、グループごとの主張があるために講演者をどのグループの人にも頼めないと言うんです。そこで、ホーリネスの指導者たちがそのグループ以外の人ということで、わたくしが淀橋教会で中田重治の記念講演をしました。たくさんの人が集まりましたね。

つまり、自分の立場に悪い意味でこだわる、良い意味で忠実であろうとすると、そこから出られないんですよね。外に出られない人よりも既に出ている外側の人の方が、中田重治がどんな人物か、光を当てて話すことができるんです。

またホーリネスのなかでも、中田重治と対立した人たちもいます。東京聖書学院は反中田派が作っていますし。だからわたくしが中田重治の講演を引き受けたときに、その人たちに、「中田重治の本や説教を読んでるか」と聞くと、「読んでません。私は〜派ですから」と言っていました。それでもわたくしの講演を聞いてから、「あ、中田重治の説教集買いました」と言う（笑）。

一同　（笑）。

加藤　その言葉を聞いて、それは説教塾のひとつの利点だと思いました。そうすると、説教塾に来ている人たちのなかから、例えば義認と聖化についての勉強会を別に始めたりしているんですよ。聖化を強調している人が義認を学ぶ。中田重治は、「ルターは泣き虫だ」とも言うし、ルターが大嫌いでしたからね。しかし、ルターに光を当てるというと、「ああ、そうか」と思ってホーリネスのなかでもルターを読み直す人が出てきます。そういう点は、良いことだと思っています。

平野　説教塾の実りは、どういうことがあるでしょうか？

加藤　教派の枠を良い意味で越えてきていることです。特に日本の場合には、自分たちの立場だけを主張していても仕方がないと思っています。わたくしが関わっている連合長老会にもそれをはっきり希望しているんですが、連合長老会は自己義認になっているところがあって、自分のグループ以外の教会を批判することがあります。これは熊野義孝以来の悪い癖ですね。連合長老会の前身の東京伝道局が、修養会を葉山のレーシー館でやりましたが、これは中田重治を思わせるような、悪口の会なんです。

渡辺善太先生は、ご自分の『回心とその前後』（日本基督教団出版部、一九五七年）のなかで山室《やまむろ》軍平《ぐんぺい》と中田重治を比べて、「ふたりとも非常によく似ているけれども、説教のなかで中田重治は悪口ばかり言っている。山室軍平は説教のなかで人の悪口を言ったことは一度もない」と言っています。連合長老会は人の悪口で生きてきたところがあるとも思います。

一同　（笑）。

加藤　それはやはり問題なんです。説教塾のおもしろいところは、あまり人の悪口は言わないでしょう？　説教塾以外の人たちを悪く言わないところです。

森島　その意味では説教塾の良さは政治的でないという点もあるのではないでしょうか？

加藤　そうです。

森島　加藤先生ご自身が、例えば人事が好きじゃないとおっしゃっておられましたが、制度化や政治的な組織ではなくて、運動体としてありたいということですよね。

加藤　説教塾のなかにも時々聞こえてくるのは、「組織論だけではなくて、内容的な基準を設けるべきだ。少なくともニカイア信条を受け入れることを要求すべきだ」と言う人がいますが、わたくしはあまり賛成しません。実際に討論していると、「この人、何が分かってんのかな」と思うこともあります。ニカイア信条なんてまだ全然理解していないだろうなと思うような人にぶつかることがあるけれども、教理論争はしないんです。

森島　そうすると、目標や志という一致しているものが説教塾のなかにはありますよね。日本の教会を、説教によってどういのちを回復していくかという共通の問題意識があって、そこでわれわれは一致しているのではないかと思います。

加藤　そうですね。しかもその人たちの全く自由に委ねられています。出るも入るも自由でしょう。ただ会費を払えばいいだけです。例会に来ようが来まいが、「ああ、あの人はずっと出てきていたけど、今全然来ないな」という人もたくさんいますよ。戻ってきてほしいと思う人たちが何人もいますが、強制はしません。

井ノ川　説教塾の設立の目的は、説教運動によって、日本の伝道が進展するということだと思います。その点三〇年を振り返り、私たちがその使命を果たしてきたのかな、という思いもありますね。

加藤先生の初期に書かれた書物のなかでわれわれが注目すべき書物は『日本の説教者たち』だと思います。その本で加藤先生が説かれている、現代日本において、いかにわれわれが福音を語るか、この「いかに」と「何を」が緊密に結びつくんだということで、植村正久、高倉徳太郎はじめ、どういう日本語の言葉で、日本人の魂が動くような福音を語ってきたのかを分析しておられます。その作業をわれわれは継続して進めなければならないと感じています。

平野　説教塾にも、多様な神学校の説教の教師がいますね。それがおもしろいところです。神学校で説教を教えている教師の数を数えたら、何人になるでしょうか？

加藤　うん。

平野　一〇人ぐらいになるのではないかな。少なくとも五人はいますね。

加藤　各神学校で説教学を教えている人たちが、いつの間にか参加していて、「今神学校で教えているんですけど」という人が改革派神学校にもいるし、福音派の神学校にもいるし、一〇人ぐらいはいると思います。

平野　あるいは、そこで学んだ者たちがさまざまな説教学の文献を訳したり、書いたり、あるいはブックレットや紀要が出るようになったりというふうに、説教塾から文献が生まれてきたこともありますし、実りはたくさんありますね。

加藤　インターネットで説教塾のホームページを見ると、ずいぶん豊かなものになってきていると思います。ホームページだけで勉強できると思うほど、いろいろな情報が詰まっています。

だからわたくしは、自分で反省はいろいろとするけれども、何が欠けているかよりも、何を与えられてきたかということを大事にし、よくここまで育った、と思っています。だから僕が働けなくなった後はよろしく頼むという思いしかありません。

井ノ川　一九八七年説教塾開塾第一回のセミナーに、わたくしも伝道者となってまもなくのころに参加しました。有志での神学や説教の勉強会はありましたが、継続的に説教の学びをしていく説教者集団の必要性を感じていました。そういう中で、説教塾設立の呼びかけがあって参加しました。

ひとつは、この「説教塾」という名称をつけられた、加藤先生の思いですよね。説教研究会、説教勉強会というような他の言い方もできたかもしれないのに、「塾」とつけられたのは、どういう思いがあったのでしょうか？

加藤　あのときに、文章で書いたように思います。「吉田松陰の顰《ひそ》みに倣い」という文を書きました（笑）。

一同　（笑）。

加藤　吉田松陰が松下村塾を作りましたよね。松下村塾は、結果的に明治維新の口火を切るひとつの運動になりました。どこまで松陰が考えていたのかは分かりませんが、彼はアメリカの軍艦にひそかに乗り込むことも計画したりと、鎖国を切り開きたい気持ちがありました。つまり、吉田松陰は幕府の体制を揺さぶって、揺り動かしたい、動きを作りたいという志がありました。

私は特に吉田松陰が好きなわけではないですが、そういう動きを作るという思いとして同じようなものがありました。だから説教塾というのも、本当はあまり固定化したくはありません。説教塾自体が、運動体としてのダイナミックな動きを持ち続けてほしいと思っています。

ついでに言うと、わたくしが牧師のときに一所懸命やったのは、改革長老教会協議会、そしてひいては連合長老会の活動でした。連合長老会でも、日本の教会を揺さぶりたかったんです。今の連合長老会は固定化してしまったなと思います。だから連合長老会をもう一回揺さぶりたいという思いもありますが、もう現役ではないから、わたくしのやれることはあまりないとも思っています。

井ノ川　そこですよね。教会にしろ、教会的集団にしろ、時代に耐え得る組織の構築を求めていきます。しかし問題は、いかにいのちある交わりを継続していくかです。それが難しい。組織が構築されていくと、固定化し、生き生きとした福音的自由を失ってしまう危険性が絶えずあります。

加藤　そうです。二〇一七年はルターの改革から五〇〇年の記念の年ですね。そこで神学的なルターの話や、回顧的な話をしてもいいとは思いますが、改革を今日のこととして思い起こし、日本の教会が揺れ動かないといけません。教会は、いつでも固定化する危険を持っていながら、他方ではいのちの共同体でもあります。いのちが生きているということは、動いていること、成長するということです。ただ、申し上げたように教会というのはすぐ固定化し、安定化し、安住の地となる危険性をいつも持っている。ルターが問題にしたことも、そこを指摘していたのではないでしょうか。

いくら年を取ってもその思いは変わらないです。もし説教塾自体がひとつの固定的な動きになってしまったら、説教塾の使命は終わると思っています。

神の言葉の神学

平野　次に神の言葉の神学と説教についてうかがいたいと思います。加藤先生のご著書を読まれる方にとっても神の言葉の神学というのが分からなくてはいけないですし、われわれの間でも、「神の言葉の神学」は、どこか記号化していて、いのちを失った言葉に思えることもあります。

加藤　そうです。

平野　神の言葉の神学と言えば、その運動に関連するわけですよね。

加藤　そこが問題だと思いますね。私の『説教論』のなかで、改革派の信条・信仰告白の歴史を、ひとつのパースペクティヴから辿り直しています。

ひとつの具体的な問題から取り上げると、ルター派の場合には『一致信条書』と言って、教義的に九つの信仰告白を確定し、それっきりですね。一方で、改革派教会のひとつの特色は、次から次へと信条・信仰告白を生んでいます。随分前に、世界教会協議会（WCC）幹事に、改革派のルーカス・フィッシャーという人物がいました。わたくしがドイツに行ったとき、彼から改革派教会の信条集を作っていると聞いていましたが、まったく出版される気配がありません。どうしたのか尋ねたところ、彼は「改革派教会は今でも信条を作り続けているから、どこで打ち切っていいか分かりません」と言ったんですよ。今は刊行されていますが。

改革派教会は、南ドイツの四つの教会（シュトラスブルク、コンスタンツ、メミンゲン、リンダウ）が集まって出した信仰告白（四都市信仰告白［一五三〇年］）が最初の出発点ではありますが、置かれている状況、場所によって、常に信仰告白を新しく出しています。そこで非常におもしろいのが、最初のところに説教論が出てくるんです。説教は神の言葉として聴かれるということを言っているわけですけれども、なぜ神の言葉として聴かれるかと言ったときに、説教は聖書を説いているから、と言ったんですね。

改革派信条の動きを見ていくと、その説教と聖書の位置が入れ替わっていくんです。入れ替わっていく、ひとつの峠みたいなところにあるのが、第二スイス信条です。聖書は神の言葉、つまり正典だということを、丁寧に論じていながら、第二スイス信条の最初に聖書論が置いてあります。

文章を読んでいくと、小見出しが挿入句のごとく、「神の言葉を説く説教は神の言葉である」という言葉が出てきます。その言葉を非常に重視するか、しないかで、第二スイス信条の読み方は変わってきます。

ボーレン先生はそれを、非常に大事にしていました。ボーレン先生の説教学は、最初に説教を定義しようとして、わたくしたち助手にも、たくさんの定義を並べさせたうえで、説教の定義は「やめた」と言っていました。

ただひとつ、説教論によって定義という言葉が残っているかもしれませんが、その時の議論でボーレン先生が使った言葉で言うと、われわれの作業のアクシオーム、基本的な公理は第二スイス信条の「神の言葉の説教が神の言葉である」という定義だけにしようと言って、実際の『説教学』で、そのとおりやっています。第二スイス信条から始めたわけです。

第二スイス信条のところで何をやっているか。「神の言葉の説教が神の言葉だ」と言ったんです。聖書が神の言葉だとは言っていません。ですから、聖書正典論と、神の言葉としての説教論がそこで重なっています。微妙な重なり方をしていたのですが、ウェストミンスター信仰規準になると、正典としての聖書論だけが前面に出てくるわけです。

後に、プロテスタント教会では、神の言葉と言ったら聖書のことだと言われ始めます。その観点からルターの改革を振り返ると「ただ信仰のみ、ただ恵みのみ」(Sola fide, Sola Gratia) と並んで、「聖書のみ」(Sola Scriptura) と言ったのです。その時の聖書は、印刷されたこの聖書と考えるわけですが。

例えば、竹森先生はカルヴァンに学んだ説教論について、『カルヴィン説教集』(第三版、新教出版社、一九五二年)の解説に書いています。そのなかで非常におもしろいのは、ドイツ語を用いて、カルヴァンの聖書論を説明している文章です。「人格なる神がこの Schrift〔シュリフト、書物、ここでは聖書のこと〕を Rede〔レーデ、語る言葉、ここでは説教のこと〕に變へ給ふことが聖書の正しい讀み方である」と書いています。つまり「聖書が説教されたときに神の言葉になるんだ」ということです。この言葉の背景にはバルトの神の言葉の神学がありますが、神の言葉の神学はそういう意味では説教の神学なんです。ただ聖書を読んだだけでは、神の言葉が聞かれたということにはなりません。これがわたくしの神学的な立場のひとつの急所です。

だから、熊野先生とは激しい個人的な論争をしたこともあります(笑)。熊野先生は、東京神学大学のチャペルでの礼拝で、自分の当番が来ると、説教はしないんです。賛美歌を歌って、聖書朗読をして、お祈りして、また賛美歌を歌っておしまいにしています。わたくしが「先生、ちゃんと説教をしてくれないと困ります」と言ったら、熊野先生はキッとこちらを振り返り、「説教ってそんな簡単にできるかよ」と言われたんです(笑)。

一同 (笑)。

加藤 「あなた方はわりあいに気軽に説教している」と言われたので、わたくしは「気軽になんかやってません」と応えました。

一同　（笑）。

加藤　あまり熊野先生と論争したことはありませんでしたが、その時には今の問題に関わってくるので、わたくしもむきになって言ったんですね。熊野先生が相手だから、最後までの論争はせず、「まあ、そうですか」と抑えましたが。その点は、熊野先生とわたくしとでは理解が違うとも思いました。そういう問題が含まれています。

竹森先生ははっきりと、「聖書は説教されなきゃいけない」と言われていました。

聖書論

朝岡　その点がとても重要だと感じます。カルヴァンも、ジュネーヴの礼拝の式文のなかで、説教と聖書朗読を一体的に扱っていますよね。つまり、ウェストミンスター礼拝指針を作ったときに、聖書の朗読をそれだけで独立させ、一章ずつ読みなさいと指示をしていました。

加藤　そうです。

朝岡　ただ、説かれてこその聖書だということは重要です。例えば第二スイス信条でも、加藤先生がおっしゃった第一章のなかで、ヘブライ人への手紙第一章の冒頭を引用して、昔預言者を通して語り今はみ子を通して語っている、と言っています。それを念頭に置きながら、今この時は聖書を通して、説教者を通して神は語る、という理解です。それが加藤先生がおっしゃっていたように、分かれてしまった。
テキストとしての聖書があって、それを説教するこちらが聖書に聞きに行って、受け取りに行かないと、説教にならないというようなことです。最後には結局こちらが適用に持ってこないといけないような説教観があるように思います。加藤先生が先ほどおっしゃってくださった問題については、まだ十分に解決していません。説教塾に福音派の先生方も相当参加していますが、長年身についた、聖書のテキスト、それについての解説、そして最後に適用という縛りがとても強いので、まだそこから自由になれていないように思えます。自分の反省も含めて申し上げると、加藤先生がおっしゃるようなところ、神学的な思考が十分に受け止めきれていないと思います。

加藤 バルトが神の言葉の三形態ということを言ったときにも、三番目に出てくるのは聖書じゃなくて宣教、教会の言葉なんです。プロテスタント教会が成立したときに、カトリック教会では聖書を司教・司祭が読むということを大事にし、それに対して問題意識をもち、聖書を説教するということを重んじたということはあります。やはり聖書論の問題なんですよ。
竹森先生とのとてもおもしろい経験があります。わたくしは学生時代に一所懸命アルバイトをして、その最初の収入で、革装で金箔が付いている聖書を買いました。そして得意になってすぐ次の日曜日に持っていって、竹森先生に見せたんです。そしたら全然褒めてくれない。

一同 (笑)。

加藤 そして「あまり立派な聖書を買うもんじゃないよ」と言われました。

一同　（笑）。

加藤　「聖書というのは読みつぶすもんだ」と。その僕との対話がきっかけになったかもしれませんが、教会員に対しても何かの機会に「聖書を神棚に上げてはいけない」という話をされていました。「日曜日に教会堂に持ってきて、帰ってきて神棚に上げて、また日曜日の朝になるとポンポンとほこりを払って礼拝に持ってくるようなものではなくて、毎日読みなさい」と。その時に、金箔がはげたら困る、とかいうことでなく「ボロボロになるまで読むものだ」って。

その時に「こういうふうに聖書を読むんだ」と言って、わざわざ新約聖書のギリシア語の原典を二冊持ってきて私に見せた。本当に一冊は読みつぶしてボロボロになっていました。これはとても興味深く思いました。

これもついでの話ですが、竹森先生は、信徒に聖書にアンダーラインを引くことを禁じていました。理由は簡単です。次に読むとき、アンダーラインを引いたところしか読まないからです。聖書の言葉はどこからでも神の言葉が聞こえてくるものなので、アンダーラインは、その時に引っかかったらこころのなかで引くだけでいい、と。自分で線を引いてはいけないということでした。でも、その読み崩した聖書の原典を見ると、赤や青や緑のアンダーラインばかりなんですよ。

一同　（笑）。

加藤　竹森先生はそういうふうに、一所懸命に聖書を読んでいたんです。ただ、一所懸命に読むということは、神の言葉として神棚に上げることではなく、ここからみ言葉を聞き取ることだと言っていました。本当に一所懸命説いていましたね。

平野 神学的な流れのなかで、聖書が神の言葉で、説教は二次的、三次的な役割であると捉えられることがあったのでしょうか？

加藤 そうです。

平野 信徒のなかにも牧師のなかにも、そういう意識があったということでしょうか？

加藤 そうです。

平野 やはり神の言葉の神学とは少し違うんですよね。

加藤 違うんです。

平野 そういう固定的な聖書観だと、なぜ戦えないのですか？　その点を聞きたいです。今どうして神の言葉の神学が大切なのでしょうか？

加藤 神の言葉そのものが聖書において示され、今ここで、いつも新しく神の言葉として生きて働くという基本的な聖書信仰があると思います。聖書信仰というのは、ここに神の言葉が詰まっています、ということではありません。竹森先生が言われたのは、聖書は閉じられた書物ではない、ということです。開いて、読んで、聴いて、説き明かすものだと。その時に、神の言葉が生きて働く。それをわたくしは、『説教論』のなかで「聖書の立体化」と言っています。

わたくしの聖書論の第一のテキストから第七のテキストまでの展開も、この第一のテキストが徐々に立ち上がってくるプロセスなんですよ。途中で消えたら困るんです。テキストの変質が起こって、第三から第四へというところで途切れると、それはもう大失敗です。だから、第七のテキストとして聴き手に届いたときに聖書の言葉であり続けるけれども、説教を聴いた人のこころのなかで、生きている言葉になっていないといけません。聖書はいつもそういうふうに説かれる言葉なのです。

具体的なことを申し上げると、教会に来ることができなくなった高齢者や病んでいる方を訪ねて、聖餐を祝うようになりました。これは、カルヴァンが非常に厳しく禁じたことです。今でもカトリック教会がやっていますけれども、一度ミサで祝福して、キリストの体になったホスティアが教会堂の礼拝堂に保存されている。カトリックの聖職者が病人を訪ねたりするときに、そのホスティアを持って行けばいいのです。その場合は聖職者は司祭に限らず、助祭でも誰でもできるんです。実体化されているから、そのホスティアを持っていけばいい。それでそのことに対して、カルヴァンは非常に厳しく「そういうものではない」と主張しました。

わたくしは、プロテスタントでも訪問の聖餐をやっていいと考えていますが、その場合にもカルヴァンが批評するような形、つまり、パンを持っていき、ただそれを配るだけではいけないと考えています。きちんと説教すべきです。

わたくしはそれをきちんと雪ノ下教会でやりました。そして訪ねるときに、その人のところに聖餐を携え、どんなみ言葉を読んで、説教するかということが大切です。相手がもう言葉が分からないときには、短い言葉だけれども「これが今あなたに与えられる神の言葉です」とはっきり付け加えて、聖書の言葉を届けました。聖書朗読と聖書の言葉を伝える説教の言葉が一体化しているという この考え方は、とても大事だと思っています。

説教者論

井ノ川 それとの関連で問いたいのは、説教者論です。説教学において「説教者論」は重きが置かれてきませんでした。説教において浮かび上がってくるのは、何よりも説教者という存在です。日本の教会において、説教において、説教者という存在は隠れなければならないと言われてきました。しかし、説教の言葉は説教者の存在と深く関わり合います。

加藤 そうです。

井ノ川 第二スイス信条が残した問題が説教者論でした。第二スイス信条は、たとえ悪を犯した説教者が説教しても聖霊の内的照明によって神の言葉とされる、神の言葉の客観性を強調しています。アウグスティヌスとドナティスト論争の「事効説」か「人効説」かが、聖礼典執行者だけでなく、神の言葉を語る説教者にも問われています。

その問題を、ボーレン先生は『説教学』において、そしてまた加藤先生も『説教者を問う』（キリスト新聞社、二〇〇四年）というブックレットを通して問われました。神の言葉の客観性を重んじながらも、サクラメンタルな特質を持つ説教を語る説教者もまた、「サクラメンタルな存在」であることが問われます。加藤先生が『説教者を問う』のなかで、このように語っておられます。「神のご臨在を担うサクラメンタルな説教、神の言葉としての説教を語り続けるならば、その神の言葉のサクラメントが説教者そのものの存在をも『サクラメンタルな存在』にしているに違いない。説教者は、その存在までが神のことを語るために用い尽くされている。存在までが言葉と化する。そのような意味で『神の言葉に仕える者』とならせていただいている」。説教塾が、単に説教を良くするということだけでなく、われわれ説教者の存在が根底から揺さぶられ、作り変えられていくという経験を大切にしています。それが、加藤先生が最初から目指しておられたことだと思います。

加藤　キリスト新聞社が好意を持って「説教塾ブックレット」を作ってくれたときの第一号のタイトルは、『説教を問う』ではなくて、『説教者を問う』にしました。

たまたまインターネットで「加藤常昭」の項目を見ていて、万の単位で出てくるので全部は見ていないんですけれども、そのなかに説教塾批判があって、「説教塾では説教だけ問題にしているけれども、説教者自身を問わないと意味がない」という言葉が載っていました。誰が書いたかは分かりませんが、一度来てみたらどうかと言いたいです。説教塾では絶対に、その方が言われたように、説教だけを取り上げているつもりはありません。説教は説教者の存在が語っていますからね。

平野　いわゆる道徳的モデルとは違うんですよね。神の言葉によって説教者が作り変えられていく、また教会が作り変えられていく、そして時代が作り変えられていくということです。神の言葉自体が、私たちを変えてくるということなのです。

加藤　そうです。わたくしは終始忘れないのは、ルターが「罪人にして同時に義人」と言ったことです。しかし、どうも説教者は義人意識に立つんです。そうすると何が起こるかというと、説教のファリサイ派化なんですよ。それを、ヨズッティスが『現代説教批判――その律法主義を衝く』（日本基督教団出版局、一九七一年）という本のなかで取り上げています。これは前にも言及した書物です。ヨズッティスは、おもしろいことに、当時の現代における説教でもっとも律法主義化する説教は、バルト主義者の説教だということを言っています（笑）。

それは大きな自己矛盾で、あり得ないことなんですが、ルター自身のなかにはいつも一方で罪があり、罪の自覚があり、だから日ごとの悔い改めをすることを要求していたのです。説教の言葉を説くことで、ある意味で、説教者自身の義化が起こっているということです。

『説教者を問う』のなかでも、アメリカの歌手のトンプソンによる、オランダでの歌手育成のセミナーの例を挙げています。その時にアルトの歌手が行き詰まったような歌い方をしたときに、「あなたは聴き手なんか無視しなさい。自分自身のために歌いなさい」って言っています。その歌手をくるっと後ろ向きにさせ、歌わせています。わたくしは非常に感動しました。自分自身を生かすことがない歌が、聴き手を生かすことがあるでしょうか。そのとおりだと思います。説教は自分自身を新しい悔い改めに誘い、キリストによって義人として装われるというプロセスをいつも起こす説教であるはずです。

そういう意味で、説教者の存在が罪人としての告白とキリストの紹介が重なって出てくるものだ

平賀徳造先生

と思います。しかし、説教者が説教するときには、どうも、ファリサイ派の位置に立ってやっているようです。

森島　加藤先生がおっしゃっていることは私もよく分かります。昔から一貫して言われている、言葉と存在というのは切り離せないということですよね。

加藤　そう、切り離せない。

森島　だから、言葉を問うと言ったときは、その説教者の存在も問うし、その意味で「皆さんも自伝的説教論をやってみなさい」と言って、その人の存在を問うことを勧めておられます。自分たちが新しく変えられることを求められていますが、現実の説教者たちは「本当にそうだよな」と思いつつも、そういうことが実際自分には起こらないという諦めもあると思います。これをどうしたらいいのでしょうか？

加藤　そういう説教ができるために、非常に大事なのは黙想なんです。黙想のなかで聖書のテキストを読みながら、いつもキリストと向かい合っています。わたくしが実践神学を教わった平賀徳造先生がよく言われたのは「説教というのは御前講義である」ということです。御前講義というのは、日本で使われる場合は天皇の御前で講義をすることです。平賀先生は、わたくしたちは、神の御前、キリストの御前で語っているんだと言っておられました。そのとおりですが、その説教黙想というのはすでにそのキリストのプレゼンスのなかにおいてやっていることだと思っています。

カトリックの函館のトラピスト修道院の院長をなさっていた高橋重幸《たかはししげゆき》という神父がおられて、『聖書を味わう』（オリエンス宗教研究所、二〇〇〇年）というカトリックにおける聖書研究の手引きを書いています。これがとてもおもしろいんですが、そこで高橋先生が言っているのは、聖書研究会で聖書を読んでいるときにも、サクラメンタルな行為であると知っておいた方がいいということです。その場合のサクラメンタルというのは、今の言葉で言えば、そこにもキリストのリアル・プレゼンスというものを意識している、それを知っているところで、聖書の研究をしなくてはいけないということです。

それが説教黙想でも同じで、説教の黙想というのも、ひとつの言い方をすれば聖書の言葉について黙想していながら、それは絶え間ないキリストとの対話だということです。『黙想と祈りの手引き』（キリスト新聞社、二〇〇六年）という本を書きましたが、黙想そのものが祈りであって、祈りと黙想というのを区別する人もいますが、わたくしがやっていること自体はそうではありません。わたくし自身は今黙想をしているのか祈りをしているのか、いつもはざまにいるような、区別できないところがあります。

森島　今おっしゃってくださったことが、加藤先生の説教の急所であり、真髄だと思います。キリストの臨在のなかで、要するに祈りをもって聖書を読み、聞くということです。現代の課題というのは、この啓蒙主義以降、科学的な知識が広がっているなかで失われている信仰のセンス、感覚を取り戻すことだと思う。それは信仰者のキリストのご臨在に対する信仰、感覚だと思います。

そこで先生にさらに問いたいことがあります。例えば、牧師が聖書を読みながら、今度の日曜日に私たちに与えられる聖書の言葉を聞こうと言って祈っています。以前、ある方の「祈りながら聖霊が下ってくる」という発言を先生は批判されていましたが、待てども待てども来なくて、月曜日になったらどうしよう、という感覚は、牧師や読者のなかにもあるのではないでしょうか？

加藤　それは聖霊を信じていることではないでしょう。

森島　そうですね。ただそれが、今日の戦いだと思っています。それに対してどうお考えでしょうか？

加藤　非常に大事なテキストだと思って、今度の礼拝で説教しようと思っているのは、ガラテヤ書の第三章です。第三章は、一節で十字架にかけられたままのキリストがはっきり描かれているのに、どうして知らないのか、そしてガラテヤの人たちを「バカだ」とまで言っています。そこも大事ですが、その後出来事としての言葉のなかで、非常に丁寧にわたくしは釈義と黙想をしていますが、あなた方は律法を行って義とされたのか、福音を聞いて信じたからか、と聞いています。その場合の「福音」という言葉は、読んでいると説教以外のことを指していないんです。「説教を聞いて、信じたからでしょう」ということです。

そのことをいろいろと言い換えているわけで、あれほどの大きな体験をして、それは「霊を受けた」ということだと言っています。聖霊を受けることと、み言葉が語られる、説教を聴く、それを福音として受け入れる。それが信徒にとって大事件なのです。

それをわたくしは「言葉の出来事」と呼んでいますが、ある意味で、聖霊体験とは日常的なことなのです。非日常的ではなく日常のことなのです。それが、パウロ自身の体験であり、われわれが知るべきことだと思います。

ボーレン先生の聖霊論のひとつの特色は、聖霊を問うことことです。聖霊の出来事を日常的なこととして捉えています。文化的な営みのなかでさえ、聖霊の働きを見るんです。まして、説教の準備において、聖霊を信じないで説教の準備がどうしてできるでしょうか。ですから、ボーレン先生はケーゼマンが出席した場でも、聖書解釈をする人はお祈りをしなきゃいけないという、当たり前のことを言ったんです。

先年、雨宮慧《あめみやさとし》先生とFEBCで久しぶりに対談をしました。その時に、雨宮さんも「聖書を読むということは、聖霊を信じるということと同じことだ」「聖霊を信じない人は、聖書は分からない」

とはっきり言っていました。わたくしは「そのとおりだ」と同意しています。そういう常識的なところで生きていないことが問題ではないでしょうか。

森島 その雨宮先生との対談のなかで、「それを信じない人が多いのは、特に聖書学者ではどなたですか」という話になったときに、「プロテスタントだ」と言われていましたね。この現象は、つまりプロテスタント教会の課題だということですね。

加藤 今FEBCは、カトリックの人たちに乗っ取られているんですよね。カトリックの人たちの方がみ言葉を語っていると、FEBCの人たちは感じ取ったということでしょう。こちら側からすると悲劇です。本拠地を乗っ取られたようなものですからね。

平野 プロテスタントと言ってもあまりに広義ですが、具体的にはプロテスタントの何がそうさせているのでしょうか？

森島 自由の基礎付けができていないんじゃないかと思ってます。皆自分勝手にやっています。

加藤 ひとつは、啓蒙主義という問題があります。ボーレン先生がいつも言っていたのは――このドイツ語で「アウフクレールング」、日本語では「啓蒙」と訳していますが――自分たちは啓蒙の時代に生きているとよく言われました。それを否定的な意味にも、肯定的な意味にも使っていると思いましたけれども、それは受け入れなくてはいけない。啓蒙されているということはどういうことか、その理解が問題です。

例えば、ヨズッティスはフンスリュックというライン川の西岸地区の農村の牧師だったんですけど、そこでドライブをしたときに、非常におもしろいことがありました。フンスリュックは小さな領邦国家が連なっているところですね。かつて殿様があちこちに小さな領土を持っていました。それが今は村のような形で残っています。車で走りながら、この村はルター派、この村は改革派と言うんですよ（笑）。それで、この村はアウフクレールング、つまり啓蒙思想に生きた殿様が支配したところだ、と言っていたので、「へえ。どこが違うんですか？」って聞くと、「日曜日に教会に誰も来ない」と（笑）。

一同　（笑）。

加藤　誰も来ないというのは言いすぎだろうと思いますが、少なくも日曜日に礼拝に来なくてもいいんです。ルター派と改革派では、信仰の違いはありますが、村の人たちはきちんと礼拝に来ていた。来ないで済むというのは、殿様が、もう人間は蒙昧な信仰からは解放されて、人間の知性、理性で生きられると考えたからです。その領土に生きている人たちも皆そのように考えるようになる。そしてそれが伝統になっていく。

しかし、信仰と政治はかつて一緒になっていましたが、今やそれは明確に分かれています。はっきり分かれていないイスラムなどもありますが、ヨーロッパなどの国も祭政一致から離れ、教会と国家というのは分離しています。フランスは非常に厳密に、それを実行しています。ドイツの場合には、それがまだあいまいになっているところがあります。

日本の場合は、祭司が支配者、それが天皇なんです。その祭司である天皇がずっと続いてきています。侍が威張っていた時代では、天皇というのは本当の意味では政治的な意味では権力者ではなかったけれども、スピリチュアルにはずっと権威を持っていました。それが明治時代の近代化で、政治の権威と祭司としての権威が一緒になりました。

現在何が問題かというと、今の天皇も毎朝祭祀を行っていることです。天皇も祭司なんですね。だから今、天皇退位論が問題になったときに、ある元東大教授が「天皇というのは要するに祭司なんですから」という本質を突いた話をしているんです。日本というのはそういう天皇を抱えています。祭司である天皇にスピリチュアルにはまだ支配されているし、古代を生きているんです。でも一方で、実際の日々の営みはきわめて啓蒙的な生き方をしている。

東京大学にわたくしは在籍していましたけれども、東京大学は近代化された大学で、まずドイツの影響を非常に大きく受けています。ところが、ドイツに代表される西洋文化、あるいはフランスも交えていきますが、神様抜きの文化も受け入れたんですよ。

だから、東京女子大の学長もなさった東大の斎藤勇《さいとうたけし》先生が書いている文章を読んで、とてもおもしろく思いました。彼は信濃町教会の長老で、教会に行くと、教会の人たちに「あなたみたいに信仰に生きている人が、どうして牧師にならないんですか?」「どうして東大の教授なんかやっているのですか?」と、絶えず問われていたそうです。一方で、東大に行くと、「東大の教授ともあろう者がなぜ教会に行っているのか?」と言われた。これは、とてもおもしろい典型的な日本の知識人の姿ですね。

日本の知識人を生かしてきた近代文化や近代文明は、神様抜きです。そういうものが一方にあって、片一方でどうも天皇制に結びついたスピリチュアリティというのが支配的になるわけでしょう。変な国ですよね。そのなかでキリスト者はどちらでもなく生きているわけです。そういう意味では、平野さんが紹介してくれるデューク大学の実践神学者たちが意識しているのが、そういう意味での少数派意識だと思うし、そこは日本と似ているかもしれません。

その限りでは、日本のキリスト者というのはマイノリティ、少数者である運命から離れられないのかなとは思います。そのなかで育てられてきた牧師が、両方の影響を受けて、そのなかでキリスト者としての生き方を作っていくときに、自分のなかにある天皇制や、自分のなかにある啓蒙された人間としての意識と、絶えず戦わなくてはいけません。だからそこで、象徴的にも浮かび上がってくるのが、ボーレン先生が大事にした祈りです。ボーレン先生がハイデルベルク大学でやった講義録は、ドイツ語でいくつも出版されていて、わたくしも訳したいなとも思っています。祈禱論というのは二冊になっています。ボーレン先生がどれほど祈りを重んじているかということが分かるし、僕も一緒に生きていたから、祈りの生活も多少知っています。先生は、非常に真剣な祈りをしていました。

初めから繰り返し言っているように、われわれ牧師が職業意識や仕事意識を持つと、そういう霊的領域に生きることから外れてしまう、落ちてしまうと思うんです。職業的には祈りの人ですが、その祈りは形ばかりになります。少なくとも形の上で、説教も含めて牧師らしい生き方をやってみせる、ということはできるでしょう。そういう意識と戦わなくてはいけないと思います。そこで根源的な神経験、キリスト経験がないと、おかしいのではないでしょうか。

森島　全く同感です。別の見方で言いますと、この国に生きていると、戦っている相手がよく分からなくなってしまうことがあります。宮中祭祀の問題も突き詰めると、天皇がそこで祈っていることは現世をずっと豊かにして国の安寧秩序を守ることです。そして死の向こう側のことは一人ひとりの判断に任せる、という雰囲気を感じます。歴史的には、死後の領域をこの国で担ったのは「無」を重んじる仏教でした。そして啓蒙主義的な考え方が支配している現代、死後の世界に対する感覚は曖昧になりました。そうすると、「現世がうまくいくように」というエートス、つまり、家内安全、無病息災や占いなどが全部支配してしまう状況があります。この問題の本質がどこから来ているのか見抜けなければ、何と戦わなければならないかも分からないと思うのです。矢内原忠雄は「預言者的なセンスを持てば、この国がどこに行くのかは情報がなくても分かるはずだ」と、マルコによる福音書の聖書講解で書いていますが、牧師が持つ預言者的なセンスが失われつつあるのではないでしょうか？

もうひとつ言うと、神学校でも、教会でも、そういうことを「この国、変だよね、こういうふうになっているから」ということが教えられていないとも思いますし、その問題をきちんと学ばなくてはいけないのではと感じます。私自身も、この国の仕組みが分かったのは、この二、三年なんです。それまで、本当の意味では理解していなかったように思います。

加藤　日本という国は、変な国なんですよ。わたくしはずっとそれを思っています。だから、自分はよそ者だという意識が、なんとなく戦争中からもできているわけですよね。よそ者意識がありま す。

それだけ、日本人を客観的に見てしまうところがあるかもしれません。下手するとそこで諦めを持つし、そこは難しいと思います。どうしようもありません。諦めと終末論的な望みを持つということは全く違うけれども、紙一重なところもあります。

平野　最近、藤本満《ふじもとみつる》さんが書いた『聖書信仰——その歴史と可能性』（いのちのことば社、二〇一五年）という本を読みましたがとてもおもしろかったです。いつか説教塾に呼びたいと思っています。彼は福音派の神学的リーダーのひとりです。彼は聖書の無謬説、無誤説について検討を加えて、そのふたつを分けて考えている人ですね。

創世記の天地創造の解釈は、福音派の人たちのあいだでは今でも議論されています。けれども、彼が丁寧に分析しているのは、リベラルもファンダメンタルも、どちらも同じ啓蒙主義のモティーフに支配されている、ということです。聖書の無誤性を弁護する人たちも、その正しさを啓蒙主義の枠組みで弁証している。

聖書は理性的・客観的に読むべき、私たちから離れたテキストであって、あまり近づいても直接声が聞こえるものではない。それがリベラルの側でもファンダメンタルの側でも同じだというのです。

だからそういう意味でも、加藤先生の「祈りでしかみ言葉が聞こえない」「聖書研究はサクラメンタルなものだ」ということは、それまで日本のなかでは、加藤先生以外の人は言っていないように思います。

加藤 わたくしから言えば、「聖書は生きた声じゃない」という言葉はど、異様な言葉はありません。

平野 そうなんです。その時に、「その祈りをもって聞く」「霊的なもの」ということに言葉を足していただかないと通じないところもあります。

加藤 どういう言葉を足したらいいのでしょうか（笑）。

平野 説教塾で説教が変わらない人がいます。それは生きた声を聞いていないからです。啓蒙主義という理性的に理解される範囲で、うまく聖書を整理してみせることはできるけれども。だから、加藤先生の急所はそこなんでしょうね。先生、その部分をどうやったらよいのでしょうか？

加藤 わたくしはよく分かりませんね。例えば、いつも思うんだけど、聖書を読んでいると自分のこれまでの人生が見えてくる。この言葉を読んでいるときには、「ああ、俺はあの時代に、この言葉で生かされたな」と思うことがあります。聖書の言葉を読んでいると自分の人生を読んでいるようなものです。聖書は、それほどのものだと思います。

平野 ねえ。

加藤 だから、そういう意味で客観的に考えるというのは、あまりこちらは得意ではないから

（笑）。

一同 （笑）。

平野 テキストには、特別の、固有の思い出があるわけですよね。例えば福音派の神学校で、結局説教というのは教会学校の五つの約束に集約されると習った人がいるというんです。「教会を休まない」「献金をする」「お友達を誘う」「毎日聖書を読む」「お祈りをする」。最終的にはそういった勧めがまとめになってしまう。どのテキストでも同じ説教なんです。加藤先生の場合は、ひとつひとつのテキストに固有の語りかけがあるということですよね。

加藤 そうそう。

物語の説教と教える説教

平野 でもそうすると、テキストを物語として読むことと重なってくるんですね。

加藤 重なる。だからとても興味があるのは、イーヴァントがわたくしが訳した説教や講義のなかで「説教は物語だ」とはっきりと言っていることです。

平野 うーん。

加藤 物語としての説教というのを捉えるということは、ある意味では現代説教学の特色と言えます。平野さんと一緒にヴァージニア・ワシントンの国際説教学会に行ったときに、アメリカ人の説教学者と話していると、わたくしは自分の説教のことをマイ・サーモン（my Sermon）またはマイ・プリーチング（my Preachig）と言うけど、ほとんどのアメリカ人の学者はマイ・ストーリーと言います。あまりプリーチングやサーモンという言葉は使わないんですよ。「私のストーリーは」と言うので、それは非常に新しい現象で、物語としての説教という捉え方は新しいと思いました。イーヴァントが告白教会の時代に、牧師補研修所で原稿なしでやった講義ですよね。そのなかで、「説教というのは物語だ」ということを明確に言っているんです。とてもおもしろい講義です。

ドイツ人には日曜学校や教会学校という観念がなく、イーヴァントは、子どもの礼拝での説教と、大人を相手にする説教と本質的に何も変わるところはないと言っているんですよ。これには驚きました。

それは要するに、聖書を物語ればいいんだということです。聖書自体を物語るということは聖書のなかには出来事の話ばかりがあるという意味ではなく、教理的な表現でも物語として語り得るということでしょう？　物語らざるを得なくなる。

それは聖書を説いているときにも、マイ・ストーリーをやっているということでしょう。今でもアメリカ人はマイ・ストーリーと言うのでしょうか？

平野　アメリカは流行が好きなので、最近ではもうかつてほどストーリーと言わないんですけれども、あのころはしょっちゅうストーリーと言っていましたね。

今は少し違って、そのブームは過ぎ去ったかもしれませんが、ナラティブとして聖書を読むことは固定したと思います。そうすると、今なお日本では説教塾の仲間でもティーチング・サーモン(Teaching Sermon)が多いです。説教というのは教える場所だというイメージがあります。

加藤 何度言ってもね。

一同 (笑)。

平野 その日本の状況で、どういう問題が出てくるでしょうか? 教える説教ということを先生からご覧になって、どうお考えでしょうか?

加藤 何度も繰り返していますが、牧師は教師ではないんです。

平野 ねえ。

加藤 『EKK聖書註解』のマタイによる福音書を書いたウルリヒ・ルツが、国際基督教大学の客員教授として一年間日本にいたことがあります。わたくしがドイツに行く少し前のことです。それでドイツに帰ってきて、ルツが『福音主義神学』(Evangelische Theologie)という雑誌に、日本体験の報告を書いたんですよ。その時に何を最初に書いたかというと、日本では牧師のことを「先生」と呼ぶ、ということです。それをはっきりとルツは英語で書いているわけですよ。「先生」という日本語をしょっちゅう聞くから、「『先生』ってどういう意味か?」と聞いたら、日本人が「ティーチャー」と教えたんですね。それに基づいて、「日本では牧師は教師である」「説教を聞きながら、ノートを取っている信徒がいる」ということまで書いています。

わたくしはある本に書きましたけど、誰と話をしたときか忘れましたけれども、ドイツ人の神学者と話をしているときに、「こんなことはおかしい」と言われました。そこで日本語で「先生」というのは、「国会議員も先生と呼びますよ」と言ったら相手は噴き出したんですよ。つまりドイツでも、国会議員に教わる意識はないわけです。ボーレン先生は「ゼンゼイ」と、ドイツ語式の発音で、僕のことをからかって「加藤ゼンゼイ」と言ったこともありました。

この「先生」という言葉は、世話をしてくれる人を示しているようですね。国会議員が先生と呼ばれるのは、われわれの世話をしてくれる人という意味があるからですね。だから牧師もそうだという意識があります。

そこから話が発展して、ある集会で「日本における父親の役割」という題で、ドイツの父親と日本の父親はどう違うかという講演をドイツ語でしました。ドイツ語の父親は、フリードリヒ大帝のことをファーターと呼んだぐらい、権威を持っているんですよ。そういう意味で、ムッターつまり母親と違った父親像があって、そういう関連本も出ています。

しかし、日本の父親は、優しくないと父親の役割を果たさないということまで言って話をしたんですけれども。その先生というもののなかには、ただ教えるということだけでなく、教会の世話や求道者の世話、結婚の世話まですることも含めています。

ドイツ人は喜ぶわけですね。結婚の世話までしてくれる先生なんて、ドイツ人のなかには全くないという考え方です。そういう中で話をしながら、「待てよ、日本の牧師のなかに、やはり先生気取りの人がいるかな?」という問いが絶えずありました。

そうなると、説教が教えになってしまいます。これは、ある意味で怖いことです。わたくしも随分教えています。説教全集のなかでも、そういう意味での教えという言葉は語っている。教理問答などを説いて教えることはありますけれども、教えることが説教のなかでドミナント・パースペクティヴ、主たるパースペクティヴになったら問題です。福音を、そして慰めを語っていないといけません。慰めがどんなに大事なことか、わたくしはトゥルンアイゼンに学びました。この「パラクレーシス」とギリシア語で言われているものが、どんなに大事かということです。

「慰め」という新約聖書の概念は、コリントの信徒への手紙二第一章が典型的に示しているように、聖霊論的なものです。教会的とも言えます。それが総合的に捉えられていないと、抽象化するんです。そういうことから言うと、下手すると、牧師・説教者は抽象的な世界で生きることになってしまいます。

われわれの信仰は、抽象的なものではなく、非常に現実的なものなんです。ボーレンさんも含めて、神の言葉の神学の背景にあるのはブルームハルトですね。ブルームハルトの大きな影響力の根拠にあったのは現実性だと思います。観念や概念で生きられない、この聖霊の原理というリアリティに生きるということだと思います。

朝岡　さっき加藤先生のおっしゃった祈りの問題で、僕が神戸改革派神学校時代にお世話になった牧田《まきた》吉和《よしかず》先生が、オランダに留学し、保守的な信仰の村にいたときに、教会の長老さんが訪問してきて、「あなたの今朝のみ言葉はなんだ?」「今朝読んだみ言葉は何か?」と聞かれるんだと言っていました。それはすごく本質的なことだった、とおっしゃっていました。つまり、牧師の自分と神様との間の秘められた祈り、隠れた祈りの交わりの有り様が、しかし実際には隠すことができず、あらわにされるところなのではないかと思います。説教者が本当に神様との交わり、祈りの交わりのなかに生きているのか、という問題です。説教する力についても、伝道する力についても、一番の枯渇の原因はその問題にあるのではないでしょうか？　つまり、神様を信じて祈っている言葉を説いているのかというところです。

第二スイス信条の話が先ほど議論になりましたけれども、第二スイス信条の第一八章で職務者論が出てきています。J・T・マクニールが『キリスト教牧会の歴史』（吉田信夫訳、日本基督教団出版局、一九八七年）のなかで、牧師の生活、病者の訪問、最期の看取りのことなど、その第二スイス信条を書いたチューリヒの改革者ブリンガーの牧会の様子を書いています。

今回改めてこれを読んで、加藤先生の伝道のご様子をうかがって考えたことがありました。洗礼を受けようと思ったら、親に反対された若い青年が洗礼式に来たという話がありましたね。その青年が「家から勘当されるかもしれない」と言ったので、先生は「そうなったら、うちに一緒に住めばいい」とおっしゃった。ちょっとした言葉ですが、ポーズでは言えない言葉だなと感じますし、牧師として大きな決断なんだと思うんですよね。そういうことが、日常の一人ひとりとの関わりのなかで出てくることが、今加藤先生がおっしゃった、現実性だと思いました。

そこで問題にされるのが、「では伝道師、牧師って何をする人ですか？」ということです。「伝道して説教することです」と答えるんだけど、では「今日、自分は何をするのか？」「明日、自分は何をするのか？」といったところで、なんとなく週報を作って、チラシを作って、インターネットを眺めて、一日が終わって……。ポーズは取れるけれども、本当にそこに生きたいのちに対する関わりがあるのかという疑問です。牧師たちにとっても、そのリアリティ抜きだと、それこそ書斎のなかで一日中ずっと聖書を読んで、お祈りして終わる日常になりかねないでしょう。そうすると、最初に出てきたようなある種の職業化になってしまいます。良い黙想を読んで、それをなんとなく自分の言葉に置き換えて、下手すればそのままコピーアンドペーストで説教ができてしまうようなことになっていくのでは、という気持ちがあります。その現実性の問題、森島先生がおっしゃった問題について、僕はそういうことを感じています。

聴き手の諦め

森島　最初に言われた祈りのことだと、牧師だけにこれを押しつけられないと思っているんですね。つまり、熊谷先生が教会員に祈りを求めたように、教会員全体が与えられている伝道者、牧師がみ言葉を語ってくれるようにと祈っているかと問うのではなく、祈ろうということが起こらないと、出来事は起こらないと思っています。どちらかというと、「ああ、もう無理でしょう、この牧師は」という諦めがあると思います。

一同　（笑）。

森島　どこで、それが現れるかというと、礼拝前なんですよ。礼拝前がうるさすぎる。み言葉が語られる時を待つというようなものではないんですよね。私もいろいろな教会に行くことがありますが、教会に入ったときに分かるような感覚がある。祈っている教会なのかというのが、そういうところにも出てくるのではないでしょうか？　この社会のエートスとの戦いでもあると思います。

平野　僕はもう少し違う考えです。牧師以上に、会衆は祈っているのではないか、ということです。あるいは聖書を祈りをもって読む、霊的に読むということを、普通の信徒の方がずっとしているのではないかなと思います。牧師もそういう生活をしているんだと思うけれども、説教はこういうものだという大きな勘違いがあるのではないでしょうか。われわれの信仰者としての日常の生活と、説教が別物になっているという気がしています。これだけ少なくなったクリスチャンが、祈っていないなんてことはないと思うんです。

森島　もちろんそういうことも感じますし、そうでなければ日曜日に教会に来るはずがないと思うんです。でも、戦いのなかで、もう祈れないというようなことも現実としてはあるのではないか。代田教会にはそれを感じませんよ。でも、今私はこの身分なので、いろいろな教会に招かれて行ったときに感じることがあります。

平野　ほんと？

森島　この諦めというものに含まれる何かを感じます。

平野　（笑）。言わんとすることは分かる。でも信徒は来ているよね……。

森島　求めているから来る。でも、今日も駄目だった……、みたいな。

平野　ちょっぴり期待を抱きながらね。だから、クラドックが言っていますよね。信徒の人たちは、昔、神の声を聞いたという記憶が残っている。だから、再びそんなことが何十年ぶりに起こらないかと期待しているって。

加藤　それともうひとつは、日本の教会の場合には、長い日本の教会の伝統になっていると思うんですが、広い意味でのピューリタン的な伝統というのが根付いています。それがキリスト者の生活を作ってきたところがあります。

もうひとつは禁酒・禁煙というのがありますけど、これは牧師をはじめ、きれいに崩れていますよね。けれども、聖日厳守というのは生きています。だから、牧師がどんな説教をしようが、日曜日には礼拝に来る。そういう癖が付いているんですね。礼拝に出ないと気持ち悪い、ということでしょう。それで牧師は救われているところがあると思うんですよ。

金沢で気付いたのは、「あっ、そうだ。俺がどんな説教をしようが、来てくれるんだ」「これは誘惑だ」ということです。そういう教会は、多いのではないでしょうか。もう説教についてはとっくの昔に諦めている。それでも自分が礼拝のために教会堂に来る、それだけで意味を持つんです。

これは、ドイツでは見られないことです。だからドイツはいつも礼拝堂が空っぽになるんです。その代わり一度説教者として名声を得ると、その牧師が説教をするときにはいっぱいになるんです。

ドイツでは木曜日だか金曜日だかに、映画館の広告などと同じようなところに、この次の日曜日には、どこの教会で誰が説教をします、と説教者の名前が並べられて出るんですよ。西ベルリンにいたときは、東ベルリンの教会の説教者の名前まで新聞に出ていました。すると東ベルリンのマリア教会で、エーバハルト・ユンゲルが説教をするなんていったら、皆西ベルリンの人も電車に乗って境界線を渡って行くわけです。だからユンゲルが説教するといっぱいになるんです。

西ベルリンで圧倒的に信徒を集めていたのは、ゴルヴィツァーですね。イエス・キリスト教会は六〇〇人ぐらい集まったんです。わたくしは旅行して帰ってきたときに、ゴルヴィツァー先生の説教だと思って新聞を見ないで行ったら、違う牧師だったんです。その牧師が、出口のところで僕と挨拶をしながら、「お間違いになりましたね」と言っていました。

一同 (笑)。

加藤 「お間違いになりましたね」と言わざるを得ない牧師の心境というのはつらいだろうなと思ったんだけれども、確かに間違えて行ったんです。日本には幸いにして、説教によって自分の礼拝出席を左右するという考え方はありません。それでも、逆に言うと、それで牧師が怠けていることがあるとわたくしは見ています。それで、信徒はその牧師がどんな説教をしようが、めったに何も言わないでしょう。それがひとつの日本での困った状態を作っているとは思いますが、そのことをごちゃごちゃ言ってもあまり意味はないでしょう。

祈り

加藤　今までの話のなかで、ひとつ関わりを持っているので言いますと、わたくしは自由祈禱を非常に重んじています。式文祈禱でない方がいいと思っているんですよ。聖餐の祝いの時でも自由祈禱です。しかし、わたくしが関わってきた連合長老会で、今、式文というのを整えまして、もちろん祈りの言葉まで作ってきています。

教会によっては、悔い改めの祈りなどは聖書の言葉をそのまま読む場合もあります。カルヴァンは祈りの言葉を書きましたし、ルターは説教のモデルまで書きましたけれども、それはいきなり自由に祈らなくてはいけなくなった、自由に説教しなくてはならなくなった、当時の状況では当然です。ルターの時代は、ついこないだまで司祭だった人たちの助けにはなったでしょうが、プロテスタントの基本は自由祈禱だと思います。だから礼拝の祈りはもう当然のことで、自由な祈りができなくてはいけません。ところがその自由な祈りが、信徒の祈りも含めて、例えば礼拝の司式を長老や役員がやる場合に、決まり文句になっているでしょう?

礼拝で決まり文句でない自由祈禱をするということは、わたくしは非常に大事なメルクマール、印だと思います。最近では原稿を書いて祈る牧師が結構多くなっていますが、それにもわたくしは問題を感じています。自由に言葉を発したときに、いつもフレッシュな祈りになっているということとが大切です。これは、日ごろの祈りの生活が問われることだと思っています。日ごろどんなに生きた交わりを主イエスと交わしているか。そういうところは、福音派的な要素が出てきますね。

福音派は自由祈禱ですよね。式文祈禱を拒否するところから生まれている。それは、わたくしは大事に考えていいと思っているんですよ。ただ、式文祈禱に完全に否定的なわけではありません。ドイツでは、式文の祈りだけです。それからドイツ人というのは日常の個人の祈りも決まり文句が多いです。昔ながらの食卓の感謝の祈り、ずっと昔から伝えられている祈りを唱えているだけですが、とても良い祈りがあります。だからそういう点では伝統的な祈りの言葉を重んじるということも、わたくしは否定的ではないです。

今の日本でいきいきと信仰に生きているときに、牧師がどんなに力のある自由祈禱ができるかということです。長老や信徒も含めて、教会が生きているしるしになるとわたくしは思っています。

朝日カルチャーセンターとＦＥＢＣ

朝岡　加藤先生は鎌倉雪ノ下教会の他にも、朝日カルチャーセンターとＦＥＢＣでも話をしてこられました。教会でなさる説教と、カルチャーセンターやラジオでお話しなさる講話との間に、先生は何か区別をなさっておられるでしょうか？　それとも、それらは本質的には同じものなのでしょうか？

加藤　同じです。おもしろいのは、カルチャーセンターの参加者のなかには、どこかの教会に一所懸命に通っている人もいますが、カルチャーセンターだけで僕の話を聴いている人もいます。わたくしの第一高等学校のクラスメイトが、来始めたこともあります。途中でがんになって、手術をしたりしてしばらく遠ざかっていてまた戻ってきました。その時にはご子息がいつも付き添っていました。土曜日だったものですから。ずっとわたくしの講話を聞き続けて、ある時ぷつっと来なくなった後に、「ついに父は……」と、訃報が届きました。その人は教会に関係ないんです。それでも、わたくしに手紙をくれて、「あなたの話を聴きながら、自分は信仰を持っているつもりだ」と言うんです（笑）。変なカルチャーセンター教会ということになり出したなという思いもありますが（笑）。教会に行っていないけれどもカルチャーセンターには来ている人たちに届く言葉は何かといつも考えています。

今でも原稿が残っているものがありますが、その時にいろいろなことをやっていました。例えば、教文館で出版するはずでまだ取りかかっていないものに、プロテスタントの説教の歴史から代表的な説教を選ぶというものがあります。コールブリュッゲや敬虔派のシュペーナーなどの説教も紹介しました。とてもおもしろいのは『雪ノ下カテキズム』の最初の草稿は、カルチャーセンターで取り上げたんです。

一同　（笑）。

平野　おもしろいです（笑）。

FEBCにて、吉崎恵子さんと

井ノ川　それはおもしろいですね。

加藤　それを、今度は鎌倉雪ノ下教会向けに書き換えて、『雪ノ下カテキズム』（教文館、一九九〇年。改訂新版、二〇一〇年）を出版したのです。そういうときに、教会に通っていない人にも信仰はどういうことかを分かる言葉で語りたいと思っていました。こちらの勉強になります。日本人として予想される教養や人間として当然経験している人生経験などを前提として考えます。ただ、洗礼を受けている、教会生活をしていることは前提から外さなくてはいけません。そこで通じる言葉は何かというのはとても大事だったと思います。

　それはＦＥＢＣでも同じです。ＦＥＢＣでは、今度は相手がいないんですよ。それでいないところでどうしようかなと思いました。今でもお付き合いしている、当時ＦＥＢＣで働き始めてまもなくだった吉崎恵子さんという女性のアナウンサーが、「私でも座ってましょうか」と言ってくれました。彼女が、話しているときにスタジオの隅に座っていましたが、何も言わないで座っているわけで……。

一同　（笑）。

加藤　すぐに「あなたは邪魔だ」ということになりました（笑）。

一同　（笑）。

加藤　そして、デジタルの数字が変わっていく時計とマイク、そして聖書を置き、簡単なメモを持って、話していました。「相手は誰かな？」と思っていたときに、聴いている人から手紙が来ました。茨城か群馬の関東地方のあるところの工場で働いている職工さんで、年齢は書いていないんですけど、明らかに若い人でした。その人は、キリスト者ではなく、教会にも行ったことがないんです。たまたま、ＦＥＢＣの電波をひょいと耳にして、毎週土曜日の午後九時に聞くようになったようです。

ところが、土曜日の夜は、工員たちの寮では皆が酔っ払っている時なんですよ。酔っ払っているときに、ＦＥＢＣの放送を聞いていたらからかわれるんです。それで、寮の屋根に上がって携帯ラジオを持って、加藤先生の言葉を聞いています、ということでした。

これで、「あっ、そうか、この人のために語ろう」と思いました。はっきりとマイクの向こう側にいる人のイメージができました。カルチャーセンターだと複数の人が座っていますけど、ラジオの場合はひとりなんですよ。だんだん聴き手からの手紙が来るようになり、聴き手のイメージができてきましたけれども、いろいろな境遇で、いろいろな生活を送っている。そのひとりの工員に通じる聖書の言葉は何かと考えました。これはわたくしにとって楽しい、おもしろい課題になりましたね。

朝岡　それはある意味で黙想しているわけですね。

加藤　そう。完全原稿は書かないで、聖書を置いて、一所懸命にその人に「これはこういうことでね」と話をしたんです。カルチャーセンターもＦＥＢＣのラジオも、わたくしにとっては説教の聴き手とは違う相手に向けた言葉を習得するためにとても良い機会になりました。おもしろかったですよ。

朝岡　普通、そういう場が与えられると、ついいわゆる「宗教的なお話」になってしまう気がします。ときどき新聞などでカルチャーセンターの案内でキリスト教の講座を見てみると、やはりそういう話が多いですよね。

平野　教養としてのキリスト教になりますよね。

朝岡　そうそう。

平野　それが加藤先生はコールブリュッゲの説教を読ませるなんておもしろいですね。

森島　加藤先生は礼拝や説教で、「宗教」という言葉を使いませんよね。

加藤　はい。ＦＥＢＣでも使っていません。

II　教会と伝道をめぐって

1969年

慰めの共同体・教会

井ノ川　加藤先生が若草教会時代に翻訳された、トゥルンアイゼンの『牧会学』という本がありますね。ドイツでも日本でも版を重ねていますが、他方で加藤先生は、「日本でこの書物が本当に真剣に読まれていたら、日本の教会は変わっていたはずだ。しかし実際は読んではいたけれども、変わっていない」という嘆きをあげておられます。この本に書かれていることを本当に真剣に受け止めていたのかどうかという問いかけですね。

なぜ、トゥルンアイゼンの『牧会学』が読まれながらも、日本の教会が変わろうとしなかったのか、ということです。今ではそういう傾向が少なくなってますが、日本の教会は相撲部屋のように牧師が親方で、そして牧師夫人が女将、教会員が弟子というような緊密な牧師と教会との関係のなかで、共同体を築いてきました。しかし、それを越えて、一人ひとりの魂に慰めの対話が起こるためにはどうしたらよいか、という問いかけです。それを個人的な関係ではなくて、教会の制度や組織でいかに展開していくかが問われていると思います。雪ノ下教会においては、社会委員会や、加藤先生の牧会の最後の方で執事会を設けていますね。雪ノ下教会においては、『牧会学』、慰めの対話を、どのように受け止め、生かし、慰めの共同体を築いてこられたのでしょうか？

加藤　トゥルンアイゼンの書物のことがひとつの問題ですね。

この本は、ドイツ語圏ではあまり読まれていませんでしたが、日本では一四版まで版を重ねました。そのころに、ドイツ版ではようやく第四版となりました。一版ごとの発行部数が違うのかもしれませんが、いずれにしても、あまり読まれていないようです。

ドイツ語で『牧会者の神学のための雑誌』(Pastoraltheologie) というのがあるのですが、以前、その雑誌でトゥルンアイゼンの特集を組みました。おそらく二〇〇〇年か二〇〇一年ころです。それにボーレン先生も書かれましたが、それは「もう一回、これを読もう」という呼びかけになり、一種のトゥルンアイゼン・ルネサンスをもたらしました。

なぜそれまで読まれなくなっていたのかというと、ひとつはこの書物に対する誤解もあると思います。広い意味での牧会心理学からの批判にさらされたのです。ボーレン先生の『神が美しくなられるために』やイミンクさんの『信仰論――実践神学再構築試論』(教文館、二〇一二年) でも取り上げられていることですが、トゥルンアイゼンはその魂への対話のなかで「断絶」ということを言いました。「神の言葉と人間の言葉の間に断絶が起こるんだ」ということです。その主張が、ある意味で誤解され、批判されました。「これは上からの牧会学だ」という言い方もされ、批判を受けました。

それに対して「下からの牧会学」を唱えているのが牧会心理学の立場です。そのことをボーレンさんが『神が美しくなられるために』のなかで、改めて取り上げて議論をしています。いろいろな議論を省略して言うと、心理学的な牧会論が勝ちました。この領域では、ドイツの出版社がアメリカの牧会心理学に関する本を英語のまま出版したほどです。ドイツ語圏の神学のなかで、アメリカの神学者の発言がうんと広がったのはこの領域です。

ボーレンさんの友だちにもその方向で発言している人たちがいますが、それが日本でも起こったと思います。牧会学と言ったときには、今でもそうだと思います。牧会学の本のなかで、広い意味での心理学的な立場の人たちが、文章をずいぶん書いています。今、日本全体で社会的な問題になっているこころの病に対しても、心理学的なカウンセリング、あるいは心理学的な治療というのが有効だと考えられています。特にカウンセリングの実践と結びついてそれが起こっています。トゥルンアイゼンの『牧会学』に向けられた問題というのは、それがひとつあると思います。

それからもうひとつは、ヨーロッパの教会の問題ですね。トゥルンアイゼンが亡くなってから、彼の奥様であるマルグリット・トゥルンアイゼンが、わたくしに「昼食にいらっしゃい」と言って誘ってくれたことがあります。こちらはドイツに住んでいたけれども、あちらはバーゼルに住んでいて、他のところに行くついでに、スイスまで会いに行きました。そのときの対話は『福音と世界』にインタビューの形で載せました。そのインタビューの記事のなかに入れたかどうか忘れてしまいましたが。

『牧会学』の書物が話題になったときに、わたくしはマルグリットさんに「先生は本でお書きになったことを、バーゼルの教会で実行なさっていましたか?」と聞くと、「そう、そこが問題なのよ」とおっしゃっていました。一種の机上の空論に終わったということでしょう。トゥルンアイゼン先生が牧会したバーゼルのミュンスター（大聖堂）は、その地域で一番大きな教会です。会員数は万の単位で数えられるようなところで、そういう教会で共同体的な、つまり対話の共同体的な教会を作ろうとしたけれども、信徒が一人ひとりが粒立って生きてくるような教会は作れなかった。ひとつの社会的な制度として定着している教会の営みを牧師が走り回って成り立たせているということと、トゥルンアイゼンの牧会論、共同体論は、マッチしないところがあったようです。議論としては非常に立派でも、実際には行われませんでした。

けれども、今、ヨーロッパの既成教会的な体制が崩れてきているわけで、二〇〇〇年ごろに、ボーレン教授にメラーさんも加わって、もう一回トゥルンアイゼンを読み直そうという動きがありました。日本の教会は、それと反対ですね。

トゥルンアイゼンが『牧会学』で言っているのは、牧会者、魂への配慮に生きる人は、牧師だけではない。あのなかで、普遍的祭司職論、万人祭司職論をトゥルンアイゼンが説いています。信徒がやるんだ、ということです。

それをメラーさんの牧会論でも繰り返しています。メラーさんが『慰めの共同体・教会』で、その慰めの対話が一番良くできるのは美容院だ、ということを書いています。美容師がお客さんと対話をしているなかで、慰めの対話が可能だというのです。

若草教会、牛込払方町教会、鎌倉雪ノ下教会でも、ある程度できたかもしれません。実際には、鎌倉雪ノ下教会で腰を据えてやり出したときに、その慰めの共同体という共同体を作ることが実際にできる、と感じました。それをゆっくりとやっていきました。

例えば、赴任したばかりの鎌倉雪ノ下教会で修養会で講演をしました。その講演は『福音主義教会形成の課題』（新教出版社、一九七三年）という論文集に載っています。そのなかでさまざまなことに言及しましたが、「『牧師先生』という言い方をやめろ」ということを言いました。「なぜですか？」と聞かれたので、「『牧師先生』と言いたかったから、『長老先生』とも言いなさい」。「そんなわけにはいかない」となるわけです。「『牧師先生』という言い方をやめろ」という言い方で、教会の営みのなかで、牧師がどういう位置に立つかということを、一回きちんと分かってもらいたい、という思いがありました。

そこで、牧会は、先ほど言ったような、牧師によって作られる古い日本的な人間関係を反映したような共同体、つまり家族共同体としてお世話をするお父さまとしての牧師が権威を持って君臨するような教会ではないと示したかったのです。そういう思いがあって、この表現をしました。「牧師先生、牧師先生とたてまつっているようで、牧師になんでもやらせるな」とね。

具体的に言うと、鎌倉雪ノ下教会で週報を作って印刷するのは牧師の仕事でした。当時まだ謄写版印刷の時代で、妻のさゆりが謄写版、ガリ版を作って、私が、くるくる回る輪転機でなく、ぎゅっと押す謄写版でインクだらけになって刷りました。それから教会の帳簿も皆牧師がつけていました。そこで、わたくしは「おかしい」と言いました。教会の営みをだんだん組織化していきました。

例えば、信徒のなかから事務主事を決めて、わずかでも報酬を出して、その人が土曜日なら土

鎌倉雪ノ下教会旧会堂での説教

曜日に来て週報を作ることにしました。週報作りを牧師の仕事でなくす、というようなことから始めて、教会の営みを皆が担っていくようにしました。「牧師先生」が君臨する教会であることをやめ、徐々に信徒を組織化し、教会は牧師だけが作るのではないということを具体化しました。

もうひとつの段階は、鎌倉雪ノ下教会は大きな分裂を経験していて、わたくしが初めに礼拝をしたときには、出席者は一〇〇人を割っていました。それが三年間続きました。そこから、一〇〇人を超え始めたんです。ちょうどそのころ渡部さんも来られて、そして礼拝出席者が平均一二〇人から一三〇人ぐらいになったとき、長老会で、わたくしは「これは多すぎる」と言いました。まだ松尾《まつお》造酒蔵《みきぞう》先生時代の礼拝出席者に到達していなかったのですが、「これは多すぎる」と言いました。信徒は「せっかく戻り始めているのに多すぎるというのはどういうことですか？」と言うから、礼拝出席が一二〇人だとすると、教会員と求道者を含めると、牧師がいわゆる面倒を見るのは三〇〇～四〇〇人になっているということです。「それをわたくしとさゆりとふたりだけにやらせるのはおかしい」と言いました。そして「伝道所を作ろう。牧師がひとりで面倒見切れないからふたつに分けよう」と提案しました。

おもしろかったのは、皆が伝道所を作って教会を分けることに賛成したことですね。ところが、伝道所を作って、そちらに誰が行くのかと聞くと、誰も手を上げませんでした。皆、加藤先生と一緒にやりたいというので、それは分かった、ということになりました。そんな経緯があって、わたくしたちふたりに教会のことをすべて任せることをやめていきました。

最初はわたくしは、鎌倉雪ノ下教会の教会員を、可能な限り訪問していました。可能な教会員は皆訪ねて、誰がどこに住んでいるのかを、最初のころは把握していました。しかし東京神学大学でも教えているし、できなくなっていきました。牧会の仕事も教会のなかで分けて、だんだんと組織が整っていきました。そうすると、長老たちも牧会のことを考えるようになりました。おかげで今では長老会が長くなりすぎて、渡部長老からは改めて会議を短くしようと問題提起があったところのようです。

牧師と長老が長老会を作って組織の中心になりながら、委員会やいろいろな団体を作って、今ここで説明することができないような非常に細かい組織を作り、というふうにやっていきました。

鎌倉雪ノ下教会は、われわれ伝道者が形成した教会ではなくて、教会員と一緒に形成した教会です。金沢の若草教会も教会員と一緒に作り上げた共同体ですが、鎌倉雪ノ下教会は一番念入りに時間をかけて作った共同体ですね。形を変えながらも、今でも基本的な姿勢は変わらないで生きていることはとてもうれしく思っています。

教会形成にどれだけ福音的に筋を通すかが、問題だと思います。鎌倉雪ノ下教会は分裂を経験しているでしょう。長老制度をうたっていながら長老制度の教会でなかったということが、具体的に現れて、分裂にまで至ったと思っています。

そういう、一種の日本教会の教会病は、今でもどこでもとても強く存在しています。トゥルンアイゼンの『牧会学』が、どうして読まれていながら実行されないかというと、ひとつの大きな障害は牧師だと思っています。日本でなぜ『牧会学』が売れたかというと、他に牧会学の教科書がないからです。各神学校でも教科書としています。そういう神学の専門書のなかではベストセラーになっていました。それでも、神学校で教わるだけにとどまっていて、教わったことをどう実行するかという段階になると、昔ながらの牧師中心の共同体という考え方から、まだ自由になっていない教会が多いのではないでしょうか。教会の営みは牧師の営み、という考え方です。

今でもそうかもしれませんけれども、金沢の若草教会で本当に笑ってしまったことがありました。ある年の冬、教会堂の屋根から、どさっと大雪が落ち、小川のなかに雪が落ちて小さな洪水を起こしてしまいました。教会堂は高いところに建っているから教会堂自体は無事でしたが、裏の家が床下浸水をしてしまいました。そうすると、裏の人たちは「教会さーん」と言って呼びました。この言い方、おもしろいですよね。

仏教のお坊さんのことを「お坊さん」とは言わないんですよね。多くの人が「お寺さん」と言います。わたくしは「教会さん」と呼ばれたときに、「ああ、こういう呼び方で言われているんだ」と考えたと同時に、牧師イコール教会だということはとても危ないとも感じました。やはり日本の教会はいろいろと言いながらも、お寺の組織に似てきているところがあります。信徒は一種の檀家になっていくという形が、やはり怖いと思います。

これに対して、牧師が意識的に牧会学を実践しないといけない、と思います。信徒共同体として教会をどう作るかという問題です。

信徒による相互牧会

井ノ川　加藤先生は、金沢時代は各地区に家庭集会を設けて、週一回礼拝を守れない人もそこで礼拝できるように配慮をされていましたね。また、鎌倉雪ノ下教会でも各地区に地区集会所を設け、メソジストの組会《くみかい》の形を継承して、地区ごとに信徒が相互牧会できるような形を取っておられました。

加藤　雪ノ下教会の地区集会と、若草教会の家庭集会では、課題が違ったと思います。雪ノ下教会は、とても変な話だけれども礼拝だけしていても伝道ができました。毎日曜日、ほぼ一〇人くらいの新来者が来ました。だから、長老がその新来者を受け入れるためだけにひとつの働きをしなくてはいけません。一方で若草教会は、黙っていても日曜日に人が来るかというと、そうではありませんでした。鎌倉よりも、壁というか敷居が高いようでした。

それで、わたくしはこう考えました。キリスト教会は敷居が高いと感じられているのなら、できるだけ扉を入りやすくしようと思って、わたくしがいる限り、教会の扉を開けっ放しにしました。開けっ放しにしていて、中に内扉があって、それを開けるとわたくしが座っているという仕組みにしました。「どうぞ、お入りください」と招くと、いろいろな人が入ってきたけれども、迎え入れるにも限度があります。そこで今度は、こちら側から出て行くことにしました。それが若草教会での家庭集会の始まりです。特に金沢のような土地では、われわれの教会の営みは、町の人は尊敬することはあるかもしれないけれども、外国の宗教だと思い、自分たちには関係がないと考えるひとがたくさんいます。だからこそ、こちらから出ていかなくてはいけない、というのが、わたくしの基本的な考え方です。

それからもうひとつは、金沢という社会は、古い仕組みの社会だし、観光都市でもあります。特にわたくしが行ってたときには日曜日の午前中休みという人はそんなに多くありませんでした。また主婦が日曜日の朝、自分だけ礼拝に行くことは難しいでしょう。ですから、わたくしの思いのなかにあったのは、日曜日の午前中、教会堂でする礼拝という営みに来ることができる人だけ救われるのでは、救済の可能性は少なくなりすぎる、ということです。日曜日の礼拝に来なくても救われるという人がいなくてはいけない。そういう思いもあって、来ることができないし、来てくれないならばこちらから礼拝を外へ持っていく。富山の薬売りが金沢にも来ましたけど、薬売りに似ているような営みを牧師がしなくてはいけないと考えて、よく外へ出ていきました。

その考え方は今でも変わりません。教会は、本当は外に出て行かなくてはいけません。言葉を持って、出て行かなくてはいけません。礼拝でなくても、説教が聴けるようにしないといけません。だからその時には、家庭集会をひとつの聖餐共同体として、そこで聖餐を祝うことができないかという考え方さえも持っていました。それを、東京伝道局の集会で話したら、「教会が崩れる」と徹底的に批判されました。わたくしは、今でもそんなことはないと思っています。いつもは優しい連合長老会の先輩の先生にも、ずいぶんひどいことを言われました。

それでも、教会は出て行くものだという思いがありました。それで「家庭集会をやってくれませんか」と信徒に頼み、あちらこちらで家庭を開放してくれました。当時、実際に日曜日の礼拝には来られないけれども、家庭集会には行くという人が何人もいました。

ある大学教授は、「あなたのうちで家庭集会やります」と言うと喜んで出席するけれども、自分が教会の礼拝に行くのは沽券に関わると思ったのか礼拝には頑として来ない、という人もいました。

それに対して鎌倉雪ノ下教会は、それよりも大きい群れだから、もっと親しい交わりを作るために、地域で集まりをしました。そちらはどちらかというと交わりを作るという意識があり、金沢とは性格が変わりました。

金沢にいたときは、本当に悩みました。日曜日の朝に礼拝に来られる人だけが救われるというのはおかしい、と考えて、夕拝も一所懸命やりました。今は、多くの教会であまりやっていないようですが、朝来られない人は多くいましたから、夕拝は大事だと思っています。夕拝だけの信徒も生まれてきました。

そういう柔軟さが必要だと思っています。今でも、日本基督教団で統計を取るとき、教勢は礼拝と祈禱会で数えています。祈禱会は、たまたまできたような集会ですから、どうしてこの祈禱会が教勢報告のなかに含まれるのかは気になります。あまり人が集まらなくても、祈禱会をやっている教会は多いでしょう。鎌倉雪ノ下教会ではそういう定期的な毎週の祈禱会をやらなくなってしまいましたね。

もっと柔軟に考えながら、しなやかに、教会が生きた生命体のように動いて伝道するということが、わたくしの考え方です。

森島　加藤先生の、若草教会、雪ノ下教会での教会の形成や営みは、私にとっては日本のプロテスタント教会のひとつの可能性を示し、下地を持ったのではないかと思っています。礼拝出席が、一〇〇名ぐらいの規模から、去られるときには確か四倍ぐらいになっておられましたね。

加藤　礼拝出席者は四〇〇名ですね。

森島　四〇〇人もいるということは驚くべきことで、それを踏まえて質問をしたいのですが、加藤先生が金沢におられたときに、あるお坊さんに呼び出され、「君のところに若い人たちが行っているようだね。まあ元気にやりなさい。そのうち戻ってくるから」と言われたことがあったということです。加藤先生はそれに対して「そうはさせません」と答えられた（『自伝的説教論』一七七―一七八頁参照）。その先生の若き日の決意が、柔軟な仕方で、いろいろな仕方で教会を形成し、雪ノ下教会では実際にそれを実践しながら、そして説教全集を出されています。み言葉を、どの教会のどの人でも日本では読めるような状況にしておられますし、カテキズムも作られています。教会生活の手引き、そして祈りの手引きまで出されています。これは、雪ノ下教会を通して、あるいは先生の伝道の生涯を通して、「そうはさせません」と言われたその決意を実際に表した、ひとつの表れだと受け止めています。そして日本の教会の伝道のひとつの下地を作ってくださったというよりも、ひとつの可能性の模範を見せてくださったと思っています。

ですから、先生からしても、いろいろなやり方があるかと思うんですけれども、「まねしてごらん」「自分がやったことをあなたも挑戦してみてごらん」というようなメッセージでもあると思います。私はそのように受け止めて、いろいろなことを学んでいます。

一方で、先生の取り組みは影響力を与えていながら、共有されていない現実もあると思います。それは教勢に影響してきます。あるいは、牧師伝道者の実際の生活にも出てくるわけです。「そうはさせるか」とお坊さんに言われたものを、私たちが受け継いでいきたいと思いますが、そこで加藤先生が今抱えている課題やリアルな視点で見えてくるものはどのようなものがあるでしょうか？

加藤　わたくしは、もう牧師ではありませんからね。あなたこそ、学校の先生なんかやっていないで牧師になったらどう？

一同 （笑）。

森島 いや、ミッションスクールでの伝道は、これはこれで神の召しとして、大事な働きとして受け止めています。

会堂建築

加藤 今のことでいろいろなことが言えるんですけど、ひとつは鎌倉雪ノ下教会は新しい教会堂を建てるというときに、非常に慎重に考えました。わたくしが牧師で一番やりたくないことは新しい教会堂を造るということだと考えていました。つまり余計なことにエネルギーを費やされるんじゃないかという思いがありました。ですから、非常に消極的でした。当時の古い教会堂を、一〇〇〇万円か二〇〇〇万円かけて改造して、やれるだけやろうと考えていたら、信徒のなかで、誰が言い始めたのか、「新しい教会堂のために」という袋を作って、自発的に献金を入れて提出する人たちが出てきました。

そういうところに、信徒のなかでも新しい教会堂を造りましょう、という思いが現れてきました。わたくしは長老会に「ちょっと待ってくれ。僕に祈らせてくれ」と言い、しばらく長老会では教会堂の話をしませんでした。わたくしは本当にひとりで祈りました。一年かかると思いましたが、一

鎌倉雪ノ下教会の新会堂

年はかからず、祈りのなかで決意が与えられました。

そして動き出したときに三つの委員会を作ったんです。ひとつは建築そのものを検討する委員会。当時教会に一一人の一級建築士がいまして、一一人を全員参加させた建築委員会を作りました。それからもうひとつは財政研究委員会。同じような規模のいろいろな教会から資料をいただいて、われわれが献金するとしたらいくら献げられるだろうかという現状の財政力の検討をしました。三番目は長期伝道委員会。当時ようやくコンピュータが広まってきたころでしたので、コンピュータで教勢がどう伸びるかということを読ませ、計算させることまでやりました。

僕は「神様のなさることはコンピュータじゃ計算できないよ」とも言っていましたが、いくつかのカーブが出てきました。あるいは鎌倉の市役所まで行って、人口がこれからどう動くかもデータをもらってきて、計画を立てました。そして日本基督教会のそれまでの教会の教勢についても研究してもらいました。

そうすると、富士見町教会と高知教会、植村先生と多田素《ただしろし》先生という、それぞれの牧師の教会が礼拝出席で言うと四〇〇人まで増えていることが分かりました。それが限度でした。海老名弾正の教会は毎日曜日六〇〇人まで増えたことがありましたが、教会の形を成さなかったようです。本郷教会でとてもおもしろいのは、教会の会報を見ていると、いつも教会総会が流会になりそうだから、教会総会に出てください、ということが書かれていました。つまり、きちんと共同体を作っていないということです。きちんとした共同体としての教会を作ったのは富士見町と高知教会で、礼拝出席は四〇〇人です。

われわれが精一杯やっても四〇〇人が限度だろう、と考えました。つまりわれわれが願っているような共同体としての教会の現実の姿は、そういう数字で出てくるのではないかということです。わたくしが辞めるときには、礼拝出席者は四〇〇人でした。

そういう動きのなかで、教会堂を建てること自体を教会の業として取り組みたいと思い、絶えず皆で討論していました。最終的に決定をしたときには、それまではさんざん議論をして遅くまで教会員と長老が話すこともありましたが、臨時総会での最後の決議は、討論なしで長老会の提案がパッパッと通りました。そしたら、長く長老をしていたある方が泣いて、「教会の営みは、こういうふうになるんですね」と言っておられました。とても喜びました。

教会堂を建てることで、教会の共同体も育つ。そして、とてもおもしろいことに、教会堂を実際に建てる間教会堂がないので、毎日曜日に商工会議所ホールやカトリック雪ノ下教会で礼拝をしました。礼拝の場所が転々と移動しながらも、教会堂を立てている間の一年何か月かで、さらに平均して礼拝出席者が五〇人も増えました。教会は、こういうふうにいのちを表すのかという経験をさせていただきました。まさに教会共同体は、聖霊によって造られる共同体だと感じました。

そこでわたくしは、礼拝出席三〇〇人は鎌倉雪ノ下だけの特別な現象であるはずはないと考えました。こういう教会が日本のあちこちにできるべきだ、日本基督教団の教会は皆できるべきだと思いました。今でもそう思っています。

例えば平野先生の代田教会でもそうなるはずです。具体的な数では、三〇〇人が限界でしょうね。ひとりの牧師、あるいは複数の伝道者がいたとしても、共同体が礼拝出席三〇〇人というのは、いろいろなことを加えると一〇〇〇人ぐらいの人が生きているわけだからね。それがひとつの姿だと思います。

鎌倉雪ノ下教会に生きていたとき、おっしゃるとおり、日本のプロテスタント教会のひとつのモデルとも思いました。ただしこれは鎌倉という恵まれた環境のおかげでもあります。同じ努力をしても、もっと伝道困難なところだったら、同じような結果は出ないとは思いますけれども、やればできるんだ、という思いもあります。「やればこういうことは皆さんにもできますよ」ということ

鎌倉雪ノ下教会新会堂での礼拝

を分かってほしくて一所懸命やりました。特別な現象ではないと、わたくしは今でも思っています。
　その雪ノ下教会と同じような礼拝出席数は、今は銀座教会だけです。これはなぜか、という思いが、わたくしのなかにはあります。ひとりの牧師が一所懸命やれば、もっとできるのではないか。
　ひとつの大きな働きをしたのは共同体ですが、もうひとつは説教ですよね。説教で伝道できるんだという証しになっている、とわたくしは思っています。

井ノ川　教会堂建築前にいろいろな場所を転々としながら礼拝を持ち、そこで大きな力を持ったのは説教だと思います。

加藤　そうです。

井ノ川　鎌倉雪ノ下教会での説教の歴史を見ると、会堂建築前に、マタイによる福音書講解説教から、使徒信条講解説教を挟んで、ルカによる福音書講解説教へ移っています。加藤先生の説教者としての姿勢、説教の形は一貫していますが、その当時、礼拝場所が転々としたこともあり、また求道者も増えたこともあって、ルカによる福音書講解説教において、説教がより伝道的、イメージ豊かな言葉になっているように思えますが。

加藤　そうかもしれません。平野先生に言わせると内輪話ばっかりやっている（笑）。

一同　（笑）。

加藤　教会堂を建てる話が、説教のなかで頻繁に出てくるんですよ。そういう現実で生きているから。

井ノ川　ええ。加藤先生の説教全集を読むと雪ノ下教会の姿がくっきりと鮮明に浮かび上がってきますね。「ああ、教会が生きているんだ」と実感します。

長老制度の教会形成

渡部　加藤先生は、私たちが見ているとやはり長い時間をかけて作り上げてきたという気がするんです。

礼拝の準備にしても、礼拝順序に十戒を導入するときも、信徒にわかってもらうために、長い説教をし、解説をし、それらの準備を経て、ようやく辿り着く。相当な時間をかけておられました。その時に思うのが、先生のなかに「こういう教会でないといけない」というひとつの考えがあって、それを実現するために時間と教会員への教育を経ながら、ずっと目指してきたものがあるのではないでしょうか?

加藤　そうです。

渡部　その目指しているもの、それがどういう教会であるのかということをお聞きしたいのですが。

加藤　基本的には非常に単純です。ひとつは、鎌倉雪ノ下教会は旧日本基督教会です。日本基督教会というのは、植村正久以来の伝統を持っていますが、それを連合長老会の形成に力を注いだこともあって、修正したいという思いがありました。

日本の教会は、真の意味で長老制度になっていないと思いました。だからこそ、長老の方たちは一緒によく歩んでくれたと思っているんです。鎌倉雪ノ下教会の成長は、長老会の成長でもあります。立派な長老、偉い長老ということではないです。長老らしい長老です。きちんと教会に仕えることを心得る長老を育てる、という意味です。

わたくしが牧師として行く前の教会の分裂は、ある意味、長老会の分裂でもありました。主任牧師を支える長老と、そうでない長老との間に分裂が起きたんですね。長老会が裂けてしまった。そうではなく主に仕える、しかも共同体を作り、牧師だけを偉くしない、牧師だけをワンマンにしない長老会。教会のことを決めるときには何でも長老に相談していました。例えば、結婚式の司式とか葬儀の司式ということでも、ただ頼まれたからやります、ではなく、長老会できちんと考えていました。牧会上の大事なことは長老に相談をしました。長老と一緒に長老会を育てるということです。

それからもうひとつは、教会員の「足腰を鍛える」というのが長老会のひとつのモットーでした。その足腰を鍛えるというのは、信仰の足腰を鍛える、ということです。信仰の足腰を鍛えるのはどういうことかというと、ひとつの具体的なものは、信徒の教理教育です。ルターの小教理問答までを雪ノ下教会では説いています。ルーテル神学大学の先生たちは、それをおもしろがっていますが、「雪ノ下で小教理をやってくださったんですよね」という言い方をされています。

いわばプロテスタントの信仰の足腰を鍛え、それがカテキズムにもなっています。わたくしの考え方では、牧師は誰もがカテキズムが書けるはずなんです。ドイツでプロテスタントの改革が起こったときも、とてもおもしろいのは、カテキズムを書いたのはルターだけではないんです。いろいろな牧師が、自分の教会のために書いています。ルター派でもずいぶんたくさんカテキズムが生まれました。

別の言葉で言えば、牧師は誰もがカテキズムを書けるほどの組織神学者になっていなければいけないということです。そういう意味での教師ではあるのです。それほどに教会の教えを体得している必要があります。それもあって信徒教育に一所懸命取り組みました。

礼拝改革は牧師の思い付きでやるわけではありません。教会は、礼拝はこういうものだ、カルヴァンが言うとおり祈りなんだ、と思う。ただ、祈りは信仰告白できちんと骨格を作らなくてはいけません。信仰告白とは、これは日本基督教会だけじゃないけれども、日本の教会の歴史の最初から三つの文章ですね。使徒信条と十戒と主の祈りです。それを皆がきちんと覚えて、何を意味するのかを身に付けなくてはいけない。その思いがあったからこそ、じっくり十戒の講話をし、使徒信条を説き、主の祈りを説いて、そこで最後にカテキズムを作りました。

教会の信仰の骨格を作るという意味で、『雪ノ下カテキズム』を作ったのはとても大きなことでした。最初は雪ノ下教会のためだけに作りました。ところが教文館の前の中村義治《なかむらよしはる》社長が、雪ノ下教会の礼拝を録音したテープを毎週車のなかで聴いていました。僕よりも礼拝のことをよく覚えているところがあって、そのなかで、カテキズム作成の報告を聞いて、「先生、こないだの礼拝の後の報告で、こういうことをおっしゃったじゃないですか。あれは、どうなりましたか? そんなの雪ノ下教会だけで独り占めすることではないですよね。うちで出させてください」ということになり、出版に至りました。そういうふうに、時間をかけて、いろいろな形で教会の足腰を鍛えることを一所懸命やりました。

森島 それこそ時間をかけて丁寧にじっくりと取り組んだなかで、形がひとつ現れたということですね。

加藤 そこで、牧師の意思や考えを、「俺はこう決めたんだからこうやろう」ということではなく、長老会の意思になり、信徒の意思になるように努力しました。

それは、過去に起きた教会分裂を考えてのことです。おかしなことに、分裂の原因は当時の主任の牧師が副牧師に「後任は君に頼むね」と口で約束したことだったようです。非常に単純に言えば、口約束したことが実際にはそうならなかった。副牧師が主任牧師に「約束と違うじゃないか」と反逆したということです。

そこでは、教会的な問題は何も考えられていません。ただ牧師の意思、牧師同士の対立になってしまい、本当に教会的ではありませんでした。自分の言葉が教会の言葉になる。教会の意思になる。それが長老、信徒共同体の意思になり、言葉になる。そういうことを、きちんとやらなくてはいけないと感じています。

森島　鎌倉雪ノ下教会の取り組みのなかで、私たちが学んでいることのもうひとつは、先生が退かれた後も教勢が落ちることなく、教会は教会として今も続いているということです。それは素晴らしいことだと思います。

私たちは、その継承されていったひとつの姿として雪ノ下教会を見ています。ただ他方で、加藤先生の他の取り組みのなかで、連合長老会や東京神学大学は加藤先生が志していたものとは離れていると思うものもあります。それは別に先生のせいではなく、この国や教会、いろいろな課題が影響していると思います。その点は、どう見ていらっしゃいますか?

加藤　それはわたくしのあまり発言できるようなところではないです。特に東京神学大学についてはあまり偉そうに言えません。自分のやるべきことをきちんとできなかったわけですし、わたくしの後任の問題もあります。ということで、東京神学大学はここで議論しない方がいいと思います。連合長老会についても、ここで議論するようなことではないかもしれません。井ノ川先生がおられますけれども。

一同　（笑）。

加藤　わたくしは現職を退いたときに、連合長老会での発言権はなくなったと思います。だから鎌倉雪ノ下教会についても、退いた以降は何も言っていません。後継者を誰にしろ、ということも言っていません。全部長老会が担当しています。長老会の意思決定を実行するのに、少しお手伝いしたぐらいのことです。

連合長老会の場合も、現職でなくなったときに手を引きましたが、連合長老会の問題は、一体わたくしは連合長老会に何を残したのだろうという思いがあります。逆にいうと、後に続いた人は何を受け止めてくれたかということです。つまり、わたくしはダイナミックな教会の動きが、連合長老会で止まってしまったという気がして仕方がありません。

皆、固定化しているように思います。つまり連合長老会は何かということを、セルフアイデンティティを決めなくてはいけない。これは、いつもどのような集団でも同じですよね。自分のアイデンティティをどう確保するかということです。連合長老会は式文まで作りました。僕は呆気にとられています。一体、連合長老会と式文とは、どんな関係があるのでしょうか。そういうところで、連合長老会の人たちは何を考えたのでしょうか。

その連合長老会はカテキズムまで作って、あれで教会学校をやろうと言い、実際にやっているんですから。あのカテキズムでは、絶対に教会学校の教勢は増えないですよね（笑）。

一同　（笑）。

渡部　先生が若いころに経験した連合長老会、要するに東京伝道局の時代かもしれませんが、先生が関わったときの連合長老会と、今の連合長老会とは違うのでしょうか？

加藤　ええ。

渡部　批判とかあるのではないですか？

加藤　あります。先ほど言ったように、東京伝道局に向けても批判がありました。それを克服しながら、いきいきとした長老制度をなんとかして作りたいという願いがありました。長老制度というのは、固まってしまうものではない、長老の制度がしっかりすると教会はいきいきとした共同体になるという思いがありましたね。それがどうも連合長老会ではそういう方向に進んでいきません。これはなぜだろうと考えています。

高木　雪ノ下教会を長老制度の教会として形成をしようとしたときに、先生のなかでもう少し具体的なモデルはあったのでしょうか？

加藤　あると言えばあるし、ないと言えばないですね。日本基督教会の教会を日本基督教団のなかで回復するというのはどういうことかという意味で言えば、明らかに植村正久ですね。高倉先生よりも植村先生です。植村先生は、植村先生なりに伝道する共同体として生きた共同体を作っていますね。

小さなひとつのエピソードですが、執事とは何かを考えていたときに、わたくしが松尾先生に聞いた話です。当時の富士見町教会も新来者が日曜日に多かったそうです。そうすると日曜日の礼拝が終わると、執事が集められて、今日新来者でこういう人が礼拝に来たということを報告しました。そして、そのなかの誰かが受け持って、その日のうちに執事が訪ねていきました。これは驚くべきことですね。今の教会ではやっていないでしょう。

当時は交通機関の問題もあったかもしれませんが、わりあい近いところから来る人が多かったのでしょうね。執事がそこで何を分担したかというと、伝道の担い手として新来者を訪ねています。これは大きな伝道力になったと思います。わたくしはそこまではしなかったけれども、そういう伝道する思いですね。

竹森先生も同じような思いを持っていました。だからわたくしも竹森先生に言われて、求道者をよく訪ねていました。あるとき、礼拝に来ていたひとりの青年が、結核になって療養所に入っていると聞きました。竹森先生の意思で、わたくしはしょっちゅうその人を訪ねていました。その人は洗礼を受けまして、一昨年吉祥寺教会に行ったら、その人がいまだにきちんと教会生活をしていて驚きましたね。

本当にうれしかったです。竹森先生の手足となって、一所懸命に伝道した人が、今も教会生活をしているのです。そういう伝道する共同体ということは、植村先生にはあったと思うし、教会自体が伝道する集団だったのです。それが大事だと思っているんです。そういう意味でのモデルは植村先生ですね。あの人は伝道者だったと思います。

渡部　もうひとつおうかがいしたいんですけれども、長老制度を考えるときに、加藤先生がドイツに行かれたときに、バルメン・ゲマルケ教会の長老会に出席してご覧になったり、いろいろな長老制度のモデルを見聞きしたりして、どのようなことを考えられたのでしょうか？

さまざまな事例から学んでどう生かすか、あるいは、教団のなかの長老制度というときも、例えば、ドイツのＥＫＤのなかには改革派もあればルター派もあると言われますが、そういう広い知見が生かされているのではと思います。いかがでしょうか？

加藤　そうですね、それはあると思います。

ヴッパータール神学大学で、ボーレン先生が教えていました。そこに手伝いに行ったとき、わたくしの予想のなかにはなかったけれども、ヴッパータールにあるバルメン・ゲマルケ教会の長老会に出席しました。バルメン宣言の会議場になったところです。

当時の主任牧師メーアホーフ牧師がひとりの闘志として戦った教会で、その牧師が告白教会を経験しています。それでボーレン先生に頼んで、バルメン・ゲマルケ教会の長老会に出席する許可を得て、一年間陪席したんですね。そこで長老教会とは何かを学びました。バルメン・ゲマルケ教会というのは六つの共同体、礼拝堂があって、その教会堂にひとりずつ主任の牧師がいるのです。そして全体の牧師がメーアホーフ先生でした。これはジュネーヴも同じです。ジュネーヴにも四つの礼拝堂がありました。

そのなかの、ひとつの教会共同体の牧師をしていたのが、ロータ一・ケーネンというわたくしより少し年上の牧師でした。その人と意気投合して、とても仲良しになったんです。私がファーストネームで呼び合うのは、ルードルフ・ボーレンとアンネリーゼ・カミンスキーと、それからそのローター・ケーネンでした。「ローター、ローター」と呼んでいました。この人はオーストラリアで会議があるからと、行く途中で大回りをして日本に立ち寄って、鎌倉雪ノ下教会に来て説教をしてくれました。そういう仲間ができていました。

仲間ができるとなかへ入り込めるんですね。そして、本当の教会共同体として、六つの教会が集まってひとつの長老会を作っている長老制度を目の当たりにしました。日本での長老制度だけが唯一の長老制度ではないと思える体験でしたね。そういうことが生きていると思いますね。ゲマルケの長老会に出て、おもしろかったです。

日本基督教団

井ノ川　日本基督教団についてのことです。加藤先生は教団紛争前、教団紛争、教団紛争後という道のりを伝道者として歩んでこられました。教団紛争前の石川地区金沢において、教派的な伝統を受け継いだ牧師、教会員同士の豊かな交わりを持ってこられました。そして、雪ノ下教会に赴任する前に教団紛争が起こって、雪ノ下教会が所属する神奈川教区にずっといらっしゃいましたね。

教団紛争後も日本基督教団は、いわゆる社会派の執行部の体制がずっと続いてきました。教会派の執行部に変わってからは「伝道する教団として生きる」ということを、議長は打ち出しています。それでも、教団の将来を考えると、明るい兆しが見えてこないところがあります。

加藤　はい。

井ノ川　加藤先生は教団のなかで伝道者として歩んでこられて、今の教団をどのように見、また教団の将来をどう見ておられるのでしょうか？

加藤　今の教団はどうしようもないと思っています。

今の教団の執行部などが一所懸命、「伝道」と言っていますが、教会的な根拠が薄いと思います。教会的な根拠がどういうものかをよく分かっていないでやっている。そこで捉えているのは教団のなかでの政治活動なんです。教会のなかにおける党派を作って、もっと素朴に言えば、教団総会でどれだけ多数派を占めるかというように政治的に動いている。こういうことは僕は全く不得意だし、興味もありませんが、現実にはそれが影響力を持っていて、一種の現実主義で教団の執行部が今動いています。これは、かろうじて三分の二ぐらい保っているかもしれませんが、何かで変わったときにどういう議長が生まれるか分かりませんね。今のところ神様の導きはそうなっているのかもしれないけれども、今の議長が代わってもあまり変わらないと思います。

話はさかのぼりますけれども、戦責告白について考えますと、インターネットを見ていたら、だれかの牧師が「加藤先生はドイツ告白教会には、非常に積極的なことを言っているにもかかわらず、教団の戦責告白に対してはネガティブでおかしい」と書き込んでいるんですね。

1966年、ベルリンにて、鈴木正久牧師と

わたくしは戦責告白の趣旨には賛成しています。戦責告白を出した直後に当時の議長である鈴木正久《すずきまさひさ》先生がドイツに来られたんです。ドイツ合同福音主義教会の創立一五〇年記念のお祝いに教団の議長として来られたんです。わたくしはしばらくホテルに一緒に泊まって、東ドイツまで一緒に旅行したりしました。その時に鈴木先生にははっきりと、「戦責を告白するのには少し遅れているけれども、いい」と言いました。

ただ、わたくしは戦責告白の文面のすべてに賛成するかと言われたら、もう少し練り直した方がいいと思っています。つまり、神様におわびしているより、人間にわびているような文章だから、そこは基本的に練り直した方がいいと思っているのです。

もうひとつ鈴木先生に言ったことは、「教会の告白にするのに、いきなり議長声明を常議員会で承認するだけで通そうと思わない方がいい」ということです。「ではどうすればいいか？」と言うから、「草案をきちんと作ること。議長が書くんじゃなくて、委員会で作って、そしてそれを各教会に回して、できれば各教会の総会の決議なり、承認なりを得た上で、教団が各教会の総意の上に立って、戦責を告白するということならば、いい」と言いました。そしたら先生が「総意の上というのは問題だ」とおっしゃった。それでわたくしは、「先生はやっぱりメソジストですね」と悪口を言ったんです（笑）。

つまり監督制度ならば、ビショップが教会の意思としてこう言う、ということで済んでしまいますが、教団というのは日本基督教会の流れもあって、基本的には長老制度的な感覚があるわけです。少なくとも各個教会の役員会なり長老会なりが教会として受け入れていることが明確になった上でしないと、教団の名において戦責を告白することは間違っていると思います。今でもその考え方は変わっていません。

そういう意味での教会の会議や教団の信徒の総意が表れる手続きがあるというのがわたくしの基本的な考え方ですが、そういうふうに教会を作っていく仕組みは紛争で崩れたと思います。今はどうしようもなくなっていると思います。各教区によって信仰告白が違うし、もうめちゃくちゃになっているでしょう？

井ノ川　はい。

全国連合長老会・改革長老教会協議会

加藤　わたくしはその次に判断したのは、連合長老会でなければ駄目だということです。金沢にいたとき、金沢では教団に属している教会は若草教会を入れて六つでした。三つのメソジスト教会と三つの旧日本基督教会がありました。牧師たちが極めて明確な意識を持って教会形成をしていた。特にメソジストの牧師はメソジストの塊みたいな言い方をしていました。メソジストの牧師はもうメソジストの顔をしているんですよ。

一同　（笑）。

加藤　メソジストの牧師の顔は、絶対に日本基督教会の顔ではないんですね。教派的なものが身に付いていて、そういうふうに顔にまで表れるのです。それが一緒に座っているところに、教団の将来はあるなと思いました。その時にも、日基は日基でなきゃいけないんですよ。そうでないと公同教会になりません。その頃は教団に希望を持っていました。

　その思いが紛争を通じて崩れた。紛争はわたくしにとって大きな問題です。まだそれを日本基督教団は自覚的に乗り越えていないと思います。特に学生に代表されるような、ラディカルグループが犯した罪というのは何だったのかを確認する作業をしていないと思いますし、しないといけないと思っていますが、今となってはそんなことをやることができなくなってしまった教会なんです。

だから今、日本基督教団が将来を切り開くためには、連合長老会がしっかりしなくてはいけないし、旧教派に戻るわけではなくとも、各教会の教会的な基盤をもう一回明確にしなくてはいけません。

特に改革長老教会協議会の二〇一六年一〇月の講演で語ったのは、「そういう教会的な立場を決め損なっている教会がいくつもある」ということです。特に日本基督教団になってから生まれた教会が多く、そういう教会は旧教派の経験がありません。そういう人たちも、今の教団をそのまま受け入れることではなく、教派的な立場を明確にさせるべきです。改革長老教会協議会のようなものが大きく手を広げて、「われわれの仲間になりなさい」と言うべきです。そして日本基督教団の出発点は長老制度がひとつの軸になっているのですから、「長老制度できちんとやっていきましょう」と言うべきです。今こそ、改革長老教会協議会はうんと翼を広げて、大きな集団になり得る可能性を持っているはずだ、と。もっと積極的にならなくてはいけないと思いますが、今のところそういう意欲は協議会にはないです。

協議会の母体の連合長老会も、真面目に教団のことを考えていません。教団のなかである位置を与えられていることを、なんとなくやっているというか、喜々としてやっているという感じがしませんし、教団を変える気はないですね。でも今の教団を変えなくてはいけません。公同教会としてもう一回きちんとやり直し、その上でやらなくてはいけないと思いますが、わたくしのそういう意見は全く誰にも通用しなくなっているように思います。今のままでは教団をどうしようもない、どうすることもできないという牧師の方が多いと思います。だからわたくしは今の教団は望みがないと思っています。

それで「伝道する教団になろう」というかけ声だけでは本当の実りは作れないと思っています。連合長老会はよほどしっかりと教団のことを視野に入れた自己形成をやるべきだと思っていますが、教団の役に立つ連合長老会であろうともしていないんですよね。そういう意味では、連合長老会も含めて教団の状況については、今のところはあまり望みを持っていません。

神様がなんとかしてくださるのをしばらく待つより他ないとも思えます。今の教団はどうしようもないです。いわゆる票取り合戦に落ちているし、それで議長席を取ってもどうしようもない。それでは変わっていかないと思っています。

そうすると何をやるかと言うと、各個教会が一所懸命やるしか教団全体に望みを持って、教団を本当の教会にするというような動きも今のところできていないし、皆もしようともしていないとわたくしは見ています。僕が今も現役の牧師だったらもう少し何かしらやると思うんですけれども。

要するに教団は今、各教区が勝手に生きている。教会集団として勝手なことをやっているということです。それで勢力争いをしているだけですよ。どうなっていくのだろうか。僕は死んでから後の問題だよね。

森島　今もし現役でまだ若ければ、何をされていますか?

加藤　それははっきりしていますね。今も言ったように、例えば改革長老教会協議会がもっと勢力を伸ばさないといけない。懐を広くしていかなきゃいけない。立ちすくんでいる教会はいくらでもあるんだから。各個教会が、各個教会でやっていけないということを知ってもらって、そして教会の交わりのなかに入れていくことです。

今、改革長老教会協議会なんて絶好のチャンスだと思うんだけれど、去年の一〇月に講演を頼まれ、ハッパをかけても全然動かないんです。動く気配も見えません。だからわたくしは井ノ川さんに、「いろいろな講演をしてきたけれども、こんなに徒労感に満ちた講演をやったことはない」と言いました(笑)。何の手応えもなく、何にも生まれない。そういう講演はあまりやったことがないんですよ。非常にむなしくなりました。

だから、僕と同じような危機感も持ってくれていないということでしょう。その講演は非常に丁寧なことをやったんです。わたくしの講演の内容を何日か前に各教会に送ってもらったんですよ。各教会の長老会できちんと検討してきてくださいと言いましたが、そんなことやってくれていないです。ただ最近ある教会から、それを今度は教会員に配って勉強会をやり始めていると聞いて、ホッとしました。そういうふうに受け止めてくれた教会がほかにあるだろうかと思います。

協議会という組織でそれを受け止めてなんとかするという気配が、今は全然ないですね。でも大事なことだと思っています。わたくしは現役だったらそれをやります。各地を歩いてやりますよ。

協議会を作ったときには、上良康《かみよしやす》先生なんか特にそうですけれども、各地を歩いて協議会の仲間を募っていました。今は皆が忙しがって誰もそんなことをやらないですね。非常に残念なことです。

そういう意味では連合長老会も身を固くしないで、懐深く門を広げて、もっと仲間を迎え入れてほしいです。途方に暮れている教会に、「一緒に長老制度の教会を作りましょう」と呼びかければいいんだけど、門を閉ざしてやらないんです。自分だけで固まっていますね。わたくしがいたころに、連合長老会は一挙に組織が増えました。改革長老教会協議会のおかげで、連合長老会は二倍ぐらい、あるいはもっと増えたでしょうか。でもそれっきりになっています。そういう意味で、われわれがやった努力を受け継いでもいないんです。でも、ここで井ノ川さん相手に文句を言ってもしょうがない。

一同 （笑）。

子どもの礼拝・子どものための説教

森島 いくつか先生に尋ねておきたいことがあります。日本の教会の伝道の弱点として、いろいろな課題があると思うんです。そのひとつに、加藤先生も「子どもの教会」ということについてよく言われています。子どもを神様の前に立たせて信仰に導くことを教会全体でよく考えるということを、先生ご自身も『子どものための説教入門』（聖恵授産所、二〇〇一年）で述べておられたと思います。

問いたいことのひとつは、「信仰継承」の問題です。加藤先生は、いわゆる仏教のような檀家、あるいはそういった意味での家の宗教については「それは違う」とお考えになっていますね。その子どもの個人の信仰を重んじるべきだし、その信仰が与えられるかは神様の働きなんだからと、最終的にはそこに委ねながらもいろいろな教会の営みを大事にしていらっしゃると私は受け止めています。

そこに共感しつつも、今私は子育てをしておりますので、いろいろと考えさせられていることのひとつは、信仰継承ということです。信仰継承という言葉自体、加藤先生はお好きでなかったかもしれませんが。

加藤　使わないですね。

森島　使わないですよね。ただ、これが日本のプロテスタント教会の課題として出てきているのではないかという問いです。今教会に来ている方々に、お子さんがなぜ教会に来ないのか、ということに対して、「それはもう神様の仕業です」とは言えないですし、それが教会の怠慢かというと「どうなんだろう?」と思うところもあります。要するに、自由な判断に任せすぎているのではないか、ということです。

もっといろいろな仕方で、子どもたちが教会に来られるように道筋を広げられるのではないか、という気持ちがあります。その点についてどのようにお考えになりますか?

加藤　わたくしは、その点は「信仰の継承」という考え方は危険だと思っています。継承というのは財産を継承するときに使うでしょう。相続するということですよね。信仰の相続があるかと考えると、われわれの財産ではないんです。それは不安を伴うかもしれませんが、大事だと思っています。

前に言う機会があったときにも話をしたことですが、鎌倉雪ノ下教会のある信徒の女性が亡くなったときのことです。その方は農林省の役人の妻で、ご主人が亡くなった後、鎌倉に来て、三人の娘さんと一緒に生活していて亡くなったんですね。そして、その前夜の祈りのときに、故人の思い出をどなたかに語ってもらうというときに、三人の娘が「私たちがしゃべります」と言うんですよ。

娘が語ったお母さんの思い出話はおもしろいものでした。三人それぞれに語ったんだけど、共通に語ったひとつのことは、まさに今話をしていた「信仰継承」についてです。そのご主人が亡くなってから、学校からの調査書が来て、調査書のなかに「家の宗教」という欄があった。その娘さんたちは、お母さんに聞かないで自分で書けるところは書いて、家の宗教を「キリスト教」と書いたようです。するとお母さんは全部消して、「家に宗教なんかない」と言う。「私はあなた方に洗礼を受けろと強制をしたことは一度もない。これはあなた方それぞれと神様の問題で、お母さんの言いつけだから洗礼を受けたなんて言われたら、とんでもない。神様にも申し訳ないことだ」と言ったようです。

日ごろは、僕とあまり話さない、いつもニコニコしている人です。無口で、婦人会の人たちと一緒に教会の台所でいつもニコニコ楽しそうに働いているような方でしたが、あの人のなかに、そういう態度があったのかと思いました。それは僕は正しいと思います。

ただ、夫を早くに亡くして、娘を三人育てて、母親の思いとしてはどんなに信仰を持って生きてほしいと思っているか計り知れません。「それがお母さんの願いだ」と言いたくて仕方がなかったと思います。それだけに、教会学校に娘を連れてきたりすることはありました。それでも、娘がキリスト者になるように、何らかの意味で親の意思として強制するようにはしたくないということでしょう。これは、日本の教会の状況のなかで正しい態度だと思います。信仰というのは自分が神様からいただくもので、親から譲られるものではないということです。

あなたのように三人の娘さんを今一所懸命に育ててるときに、祈ることは大事なんですよ。娘に主イエスの救いが与えられるようにと祈ることは必要だし、ある年齢ぐらいまで「教会に一緒に行こうね」と言って誘ったりすることはできると思いますが、そこから先は、やはり神様との問題ではないでしょうか。

それで、教会が弱くなると心配する、つまり人の営みとしてなんとかひとりでも信者を増やしておこうということで、親の特権を振り回さない方がいいと思っています。

森島　加藤先生のおっしゃっていることもよく分かるんです。つまり信仰というものは血のつながりで自動的になるようなものではないですし、強制してするものではないということもよく分かります。その信仰を「継承する」という言葉が問題なのか、そこから出てくる誤解もあるのではないかなという思いもあります。

どういうことかと言いますと、私の母方の祖父は熱心なホーリネスの牧師で、皆熱心な牧師家庭だったんだけれども、その子どもがいまして、私から見れば親戚で、その祖父から言えば孫がいるんです。その私の母の兄弟が、この前亡くなったんです。病気になって亡くなる寸前に、いろいろと電話の交流とかがあったときに、そのお孫さんが「今からおじいちゃんのお墓に行って、お祈りしてくる」と発言したのです。「何しに行くの？」って聞いたら、「おじいちゃんにお願いして、お父さんの病気が早く治るように拝んでくる」というようなことを言ったわけなんですよ。

その時に、私は母から、「あれほど熱心な信仰を持っていた親の子どもが、こういうふうになっていくということに考えさせられた」ということを伝え聞きました。強制をしたい、あるいは、ひとが操作するのは、確かに良くないかもしれませんが、ひとの生活のなかで、いろいろな知恵を使うことはよいと思うわけです。

例えば、ご飯を食べる前に「一緒にお祈りをしましょう」ということもそうです。今夫婦でもお祈りしないキリスト者の家庭があると聞きます。お食事の前に一緒に祈ろう、節目節目にちょっと祈ろう、寝る前に祈ろう。単純なことだとは思いますが、節目節目のところに神様の名前を入れるということを、教えられなければ何もできないので、生活のなかでやっていくことはとても大事だと思います。

加藤　それは自由にやったらいいと思います。

森島　そういう生活のなかで、教会に行くのが当たり前になるし、神様に祈る生活をするのも当たり前になってくるということも私は感じますが、周りの友人やキリスト者の家庭を見ていると、どうもそういう生活になっていないのが問題だと思います。

加藤　そうなんです。

森島　私だけの問題でしょうか、皆さんの教会は子どもたちがいっぱい家族と来るんでしょうか？カトリックの方々はご家族の皆が来ていますね。また長崎の平和記念教会にいたときも、家族ぐるみで来るということが非常に多かったです。でも、プロテスタント教会の家庭を見ていると、子どもは子ども、という形で終わっているのでは、という気がしています。どうでしょうか？

平野　ひとつは礼拝形式の問題があると思います。プロテスタント教会は、子どもと一緒に礼拝に出席するということがカトリックに比べると難しい形態ですよね。実際礼拝時間が長いですし。

ただ、どうだろう？　家族のなかで、キリスト者の家で、子どもの信仰を自由にさせるために、食事の前に祈らない、子どもの前で祈らないという家は、僕はひとつも聞いたことがありません。そういう家があるのでしょうか？

加藤　むしろ親として、祈ったらいいと思います。親として当然のことです。そんなところまで子どもに遠慮することはないと思います。

森島　一緒に祈るということでしょうか？

加藤　そう。ただ、牧師の息子だから信仰を持つのは当たり前という考えが危険だということです。

森島　危険ですね。それは分かります。

平野　信仰の継承について、前に加藤先生にうかがったときに、律法主義を筆頭に思い出します。

私も絶対「継承」なんていう言葉は使いません。代田教会の長老の息子、娘たちの多くは残念ながら教会に来ていません。子どものころは一緒に来ますが、成人になって教会を離れてしまいます。それでも、またいつか帰ってくるときがあるだろうと思います。その時に、いわゆる信仰の継承ができている優秀な家族があって、もう一方ではそうではないというときに、お互いを裁く心と無縁ではないのではないでしょうか。そのなかで、信仰に血縁は関係ないのではと思います。

森島　もちろん血縁は関係ないんですけれども、もっと上手に、子どもたちがそのことを考えられる場所に置くようなことを、プロテスタント教会は知恵を使ってやっているのだろうかと感じるんです。

平野　ひとつは、堅信礼教育ですね。日本では堅信礼教育の位置づけがはっきりしていないから、つまり幼児洗礼しっ放しになっている。それは親の問題ではなくて、教会が教会の子どもとして子どもを育てていくということです。信仰継承と言ったときには家族の問題になるでしょう。そうではなくて、教会のなかで生まれた子どもを、共同体がどう育てていくかということで考えないといけません。

森島　おっしゃるとおりです。

朝岡　それは本当にそう思います。そうでないと、変な裁き合いが起こります。教会の子どもたちを皆が祈って愛して育てていくということです。うちの教会も小さい教会ですけど、子どもたちも一緒に礼拝に出て、毎週、ガチャガチャと騒々しく、賑やかに過ごしていますが、とにかく神様に愛されている場所ということが教会の皆のなかにあります。核家族も多いんだけど、老若男女いろいろな人がいて、そういう中で子どもたちが一緒に育っていきます。髙木さんの子どももうちの子どもも幼児洗礼ではありませんが、それぞれ洗礼を受けています。

加藤　わたくしが「子どもの教会」という言葉で表現したいのは、子どもにも伝道した方がいいということです。今の子どもの問題として、学校では、いじめなど、教育のいろいろなひずみが生まれていますね。そういうときに、なぜ教会がそういう子どもたちにとって慰めの共同体になりえていないかということが気になります。

教会に行って牧師と話をしたっていいし、牧師の妻と話をしたっていい。あるいは、日曜日に教会に行って、教会学校の先生に話をしたっていい。

わたくし自身は戦争中に日曜学校で育ちました。その時に、日曜学校における先生との人間関係、それが魅力でした。それでその「子どもの教会」という言葉を使っているんだけど、小学校の先生も好きだったんです。塚本先生とか安斎先生とか、今でも名前を覚えているくらいにかわいがってもらいました。日曜学校の先生は、日曜日の朝一時間、せいぜい二時間会うだけだけれども、小学校の先生とは違う人間関係ができていました。

非常に人間的な言葉で言えば、ホッとするようなある温かさがありました。いじめに傷ついている子どもが教会学校に来て、この先生の顔を見ると落ち着くとか、慰められるという人間関係が教会で作れるはずだし、そういうなかで子どもたちを救い上げることができると思います。そういう意味では日曜日の朝一時間という時間の枠を取っ払ってもいいと思います。

いずれにせよ、非常に抽象的に聞こえるかもしれませんが、今子どもたち、中学生でも高校生でも、皆傷ついているんだから、そういう子どもたちにとって、どうして教会が癒やしの場所、慰めの共同体にならないんだろうか。それがよく分からないところです。

森島　それはおっしゃるとおりです。それは子どもたちだけの問題ではなくて、子育てをしているお母さんたちにとってもそうです。そのお母さんがたは、朝早く、もう日曜日は起きられない。そうすると日曜学校に連れてくることができなくて、でも教会の礼拝に行きたいと思っている。お母さんは礼拝に出たい。けれどご主人に子どもを任せられない。そういったときに、子どもたちをどうするかということなんですよ。そういうときに、子どもたちを邪魔扱いする教会の、日本的に言うと「空気がある」ように思います。

「もう来たら駄目なんだ」と子どもに思わせたり、親に思わせたりしてしまう。こちらとしてもビクビクしながらケアをしなければならない現実もあります。これは本当に問題だと思っています。

加藤　それは、今残念ながら僕の手を出せるところじゃないんですけれども、こころのなかにある祈りはそうです。今子どものいじめのことや社会的な問題が、これだけ話題になりながら、教会がどうしてそこで何の役割も果たしていないのかということが、ひっかかっています。

日曜学校、教会学校は子どもにとって、そういう場所になっていないし、そういうふうに受け止められていません。なぜでしょうか。

カテキズムを教会で使うことはいいけれども、カテキズムは本来信仰を持つ決心を言い表す前の教育のための特別なプランだったわけで、教会学校というものの教育を規定するものではないと思います。その点では連合長老会に対しても批判を持っています。

子どもの教会はもっと緩やかなものなんだ。とにかく、行くとイエス様が好きになる場所。イエス様を愛しているお兄ちゃん、お姉ちゃんとも言えるような先生たちが自分にとっては慰め手だというような場所。戦争中の日曜学校はそういうところでした。

平野　説教のなかでも分類として「ディダケー」はありますよね。あれは教理教育というよりも、異教社会のなかでのキリスト者としての生き方が「ディダケー」と言えますね。

加藤　そう言ってもいいかもしれません。

平野　だからどうも「ディダケー」の位置付けが間違っているのではという気がしてなりません。連合長老会のことをあれこれ言いたくはありませんが、うちの教会で使っている教案誌では、二〇一六年度のカリキュラムは天地創造から終末までです。今回は三要文。小学校一年生で。子どもたちは一週間経つとはるか昔に感じられるくらいなのに、天地創造からずっと一年かけてカリキュラムを組んでいます。それが子どもたちの生活にどれほど即しているか、と思わされます。

加藤先生の教会学校の教師論でおもしろいと思ったのは、「温かさ」を大切にするということですよね。相撲を取ったお兄ちゃんの汗が臭かったとよく先生はおっしゃるけど。そういうところが加藤先生の見方は自由なんだなと思います。

教会が教育の場として用いられることで、いろいろなことを失っているのではと思います。

加藤　そう。

平野　加藤先生はそれに対して、先生の言葉では慰めの共同体、ひとつの共同体のなかで、教会教育のこともなさっているなと思います。

朝岡　うちの教会では、小さな取り組みですが、去年秋から、毎週水曜日の午後に、教会を地域の子どもたちに開放して、「教会へ遊びにおいで。宿題を持ってきて、夕方六時まで教会で過ごしていいですよ」という時間にしています。一緒になって宿題をやったり、一緒に遊んだりするんです。そこでは聖書の話はしないんですけど、最後におやつを食べて、その後にお祈りだけはして、聖書のみ言葉のカードを置いておいて、「帰りに欲しい子はどうぞ」としています。日曜日に来たことのない近所の子たちが、ふたを開けたら毎週二〇人ぐらい来ていますね。

加藤　そうそう、それが大事です。

朝岡　その子たちは礼拝堂と言っても、日曜日の教会を知らないから好き勝手に遊んで、それで帰っていきます。まだ始めて半年ほどですが、教会の皆の意識も変わり始めています。以前だったら礼拝堂はいつも整えておかないといけない、という意識がありました。ただ日曜日の午後に、子どもが走り回ったら「ここは遊ぶところじゃないよ」とは言っています。

でも今は、水曜日はとにかく全部スペースを空けて、子どもたちが一緒に遊んでいます。そうすると、その時間に聖書のお話はしないけれど、一人ひとりの子を皆でとにかく大事にしよう、と考えるようになります。いろいろな子どもが来ていますが、半年ほど付き合っているとなんとなく家庭の様子が分かってきます。小学校一年生、二年生で、両親が離婚したとか、お父さんがいなくてお母さんの彼氏が今一緒に住んでいるとか。あと、貧しい家だけど子だくさんで、弟、妹の世話ばかりさせられて嫌だとか。そういう子どもたちの姿が見えてくると、普段教会学校で教えていることと、子どもの生きている現実とに、あまりに乖離があると感じてきます。

やっている側はやっている側で自己満足で、でも実際に来ている子どもたちの現実は、大人以上に過酷だなと思うと、このひとりの子どもがどう生きられるかを皆が一所懸命に考えたら、教会は変わると思います。

加藤　そのとおりです。

朝岡　一人の高校生が教会に来るようになりました。複雑な家庭の事情を抱えて、深い傷を負った子です。本当は愛されて、守られてよいはずの家庭で傷を受けた子です。その子が毎週教会に来るようになった。朝から晩まで、夕拝まで出て帰るようになった。

その子が礼拝に来る中で、皆がとにかくその子のことを一所懸命に考えて、「あの子のこと、どうしてあげたらいいだろうか?」ということを、いろいろな世代の人たちが考えるようになっています。それが教会にとってすごく本質的なことだと感じています。

ひとりの人を見つめるといろいろなことが見えてくるというのは、黙想の問題でも、FEBCのお話で加藤先生がラジオのマイクに向かいながら話しかけることでも同じだと思います。「伝道の不振」を問題にするときに「多数を」と考えてしまいがちですが、ひとりの人と教会がきちんと出会えているのか、ということを思います。

これからの日本の教会の伝道――罪と救い

平野 先生もよくおっしゃいますけど、このごろ、伝道というときに、「二千何年問題」とかいう表現、また「何年後に教会がいくつ閉鎖する。教会の財政がどうなる。だから伝道しよう」という論調が聞こえてきます。

加藤 それはもうはっきり、伝道の邪道だとわたくしは言っています。

平野 加藤先生が「伝道」とおっしゃるときに、なぜ、伝道なんでしょうか?

加藤 それはやはり受洗者を増やすことですね。

平野 なぜ増やすべきなのでしょうか?

加藤 キリストの救いにあずからせるということです。キリストの福音以外に救いはないと思っているから、一所懸命にやらざるをえないですね。伝道論の出発点はそこにあります。「このひとりの方の名による救い以外に、世界に救いはない」ということが、使徒たちの最初の決断ですよね。最初の決意だったのです。

平野 そのとき、「救い」という言葉も曖昧になっていると思います。

加藤　いや、具体的です。これは、洗礼を授けることなんです。

平野　そういうとき、洗礼で救いが起こるわけですよね。そのときの救いは何なのでしょうか？

加藤　罪が赦されて、新しい人間になることです。古い人間が死んで新しい人が生きるんだ。そういうところは非常に単純に考えています。「これでなくては、日本人も救われないんだから」と言って伝道すればいいと思います。この人が洗礼を受けるか受けないかが問題になっているんだというときには、伝道者はしゃかりきになるんですよ。その思いです。

平野　「古い人が死んで、新しい人が生きる」ということを、もう少しパラフレーズするとどういう表現になるでしょうか？

つまりわれわれは救いというときに、例えば死んだら天国に行くとか、死んだら裁きから逃れられるとか、あるいはこの洗礼を受ければいつもイエス様が共にいて孤独が解消されるとか、いろいろな言い方がありますね。罪を赦されて新しい人間になることが救いだということも、ひとつの救いの理解だと思います。伝道者として加藤先生を生かしてきたことは、もう少し言うとどういうことでしょうか？　もちろん来世のことではないですよね。日本人が人間として生きるためには、洗礼を受けなくては駄目だということですね？

加藤　駄目なんです。

平野　少し食い付くようですけど、きっと、皆その部分が知りたいと思います。

加藤　やはり根っこにあるのは、罪の問題です。「あれ、ここは分かってもらっていないのかな」

と思うことがありますが、わたくしの一番深いところにあるのは絶望です。

今正確に覚えていないんですけど、わたくしにとっては大先輩で、もう亡くなった今道友信さんが朝日新聞に自分について語ったエッセイがあります。そのシリーズでは、皆、自分を探すとか、自分を求めると書いているときに、今道さんは、「自分で自分は捕まらない」と言っていましたね。いくら深い井戸の底を見つめるようにしても、自分はもっと深いところにいるんだ、ということです。今道さんというのはあるエッセイのなかで自殺を志したことがあると言ってます。僕はびっくりしたんですよ。

フランスに留学に行ったときに、モロッコに旅行しているんです。砂漠で自殺するために赴いたんです。そのモロッコの砂漠に行こうと思ったときに、モロッコの土地の人に、「砂漠に行く。砂漠で野宿するつもりだ」と言うと、「モロッコの砂漠で一番怖いのはサソリだ。サソリに刺されたらイチコロ。すぐ死ぬ」と言われた。それで、怖くなって、自分で笑い出した。「俺のような、自殺しに行こうと思っている人間が、サソリにかまれて死ぬのが怖いって思っているってのは何だろう?」となって、おかしくなってフランスに帰るのです。

その文章を読んで、ハッと思いました。「ああ、今道さんにも自殺願望があったんだ」って。なぜ、自殺する気になったかは書いていないんです。あの人ぐらいの秀才はいないですし、わたくしが会った人間のなかで、本当に優れた才能を持っていて、どうして文化勲章をもらわなかったのだろうと思うぐらいの人でした。今道友信を本当に愛した人たちは何人かいますが、「日本の政府も、日本の文化界も、今道友信という人をきちんと評価しないまま死なせちゃったな」というのが僕の思いなんです。

ただ朝日新聞のその文章を読んでも、あの人の深いところにある絶望感に、とても打たれました。それは他の執筆陣が自分を探すとか、自分を見つけるとか書いているときに、自分で自分なんか見つからない、もっと深いところにいるんだ、と書いているのです。この深い井戸の底に自分を探しながら見つからない、そしてそこで自分ではない、別の方の手で支えられるのです。途方に暮れているような思いを語っている文章にショックを受けましたけれども、わたくしもわたくしなりにその絶望感が分かります。それがキルケゴールにも結びつくわけですが、自分に絶望していること自体が罪だということです。罪だということが分かったときに、すでに救いが起きているんですよね。今道さんにもその思いがあったということです。

自分で自分を救えないときに、他者が自分を救っているんです。自分を自分よりも深いところまで行って追求して、その自分を支えている方がおられるということを朝日新聞に書いているんですね。その絶望感は、例えば森有正《もりありまさ》にもありましたね。森有正はとても愉快なユーモラスな人だけれども、他方ではとても深いペシミストでした。「自分にとって一番大きな問題は罪と死だ」ということをはっきり言っています。

この罪というのは具体的なんです。例えば、性欲です。森は女性問題を起こし、南原先生を怒らせています。自分の妻を捨てたんですよ。そういうところで自分と向き合っている。そこで森はドストエフスキーと共感しているんですね。ドストエフスキーは、博打に夢中になっているところで、自分自身に非常に深く絶望しています。だから『カラマーゾフの兄弟』のなかでわたくしが一番こころを引かれるのは、父親のフィヨードル・カラマーゾフです。フィヨードル・カラマーゾフは、絶望が肉体化した、絶望の塊みたいな存在です。わたくしはフィヨードル・カラマーゾフに、ドストエフスキーの人間性がよく出ていると思います。そういうところにあるような絶望感ですね。この絶望というのは、主イエスがおられなかったならば、死ぬより他にないようなものです。だけど、死ぬより他にないというのは、カミュみたいにうそぶいて死ぬようなものです。

カミュは神様を信じなかったから、彼の自殺論は非常に傲慢なものです。そういうところではサルトルだって同じようなものですけど、そのような絶望ではない絶望を知っているというのは大事なことです。大事だから知っているというのは変な言い方で、しょっちゅう関わっているわけではないけれども、一番深いところにある絶望感というものです。それは例えば、妻が死んだ後でポコッと出てくるようなものです。

例えば鎌倉でデンマーク人の幕田《まくだ》さんというお医者さんの奥さんの葬式をやったことがあります。わたくしは亡くなってからの顔しか見なかったのですが、とてもきれいな人でした。美人のデンマーク人の奥さんを得ていて、横浜の英語の教会の教会員だったんです。その教会からも頼まれて、鎌倉で東京神学大学のリード教授と一緒に司式をしました。たくさんの人が集まって、日本語と英語で司式をして、それで幕田先生も喜んでいましたが、一年たたないうちに自分でいのちを断って亡くなってしまいました。やはり妻を失った絶望感があったのでしょう。

わたくしは妻さゆりを失ったときに、幕田先生の顔を思い出しました。非常に深く共感しました。それは人間的に言えば、「自分は絶望して死ぬ方がいいんだ」という思いが自分のなかにもあるということです。だけど、自殺しないで生きられるのは、やはり主イエスがいてくださるからです。あるいは妻を、絶望的な思いで介護していたときにもいつもお祈りしていました。妻のおむつを換えながらも、神様と話をしていたんです。祈りながらおむつを替えました。それはわたくしの祈りの経験のなかに、深く食い込んできたものです。

その経験を通して、「祈りは、『これから祈ります』というものではなくて、ずっと神様の顔を見ているからいつでも祈る。その時にはもう祈っているようなものだ」と考え、祈りと生活とが区別がなくなってしまいました。そういうことを経験しているなかで、妻を失った、愛を失った。「天国に行った」というような簡単な慰めでは慰めようがない悲しみのなかにいて、自分がもう死にたいと思ったときに、「ああ、主イエスに救っていただいているというのは、こういうありがたいことなのか」と考えます。これは本当の体験であり、経験ですね。

そういうものによってしか日本人は救われないんだって思いがあるから、伝道をせざるを得ないわけでしょう。伝道は、「教会がなくなりそうだから伝道しよう」ということでは絶対できないと思います。

平野　そのとおりだと思っています。

加藤　そんな教会だったら滅びるに任せる。

平野　もう少しそこを聞きたいんですけど、絶望がなくなって救われるのではなく、絶望のなかで救われるということですよね？

加藤　そう。ルターが言った「絶望のなかでの信頼」というのが大事で、トゥルンアイゼンが一番大事にした考え方もその部分です。彼の『牧会学』の頂点になっているところで、そのルターの言葉の引用をしています。

平野　なぜ絶望のなかで救われるんですか？

加藤　それは主イエスの十字架があるからです。主イエスが絶望しながら死んでくださったからです。「わが神、わが神、なぜわたしをお見捨てになったのですか」という十字架の叫びは、バルトが『教会教義学』の和解論で引用しているように、ルターに言わせれば、主イエスだけが本当の罪人として死んでおられるということです。

他の人間はきちんと罪人として死んでいない。本当の絶望は何かというのは、十字架の叫びに具体化しています。わたくしもそう思っています。その時にやはり、「わが神、わが神」となぜ呼んでいるか。しかもその「わが神」という主イエスの呼び声に、父なる神がお答えになったときに甦りが起こる。

晴佐久《はれさく》昌英《まさひで》神父がある説教で「十字架の背後にいつも私は甦りの光を見ている」と言っていますが、そのとおりですね。甦りの光のなかでなければ、十字架の絶望は語り得ない。しかし、十字架の絶望というのは甦りの光のなかで消えはしません。むしろその絶望のなかで、甦りの力が力を発揮する。だから、ルターはメランヒトンに「大胆に絶望をしなさい」「信頼を持って絶望をしなさい」と言っています。

そこにある一種のダイナミズムですね。ルターにとって大事なのは、罪人にして義人、罪人にして同時に義人だということです。罪人である者が義人となっている。聖書で言えば、ローマの信徒への手紙の第七章というローマの信徒への手紙の中心部にその章があることは、とても意味が深いと思います。文語訳で言えば「ああ、われ悩める人なるかな」という箇所です。その悩みの叫びが、第六章の洗礼論の後に来ています。そういうことが本当の慰めになるんです。

場合によっては子どもにさえ、分かる子どもには分かることではないかなと思います。子どもにとっての慰めにもなるはずです。教会学校なんて言うからいけないんだよね。だから「子どもの教会」と言った方がいいと思います。何かを教えるということではないはずです。

平野 加藤先生は、幼いころから、あるいは伝道者としての生涯のなかで、いつでも絶望がこころのなかに一方であるんですね。

加藤 そう。子どものときからあったんですよね。後から分かったんですが、小学校二年生のときに小児麻痺をやったんです。猛烈な熱を出して、腕が動かなくなって、墨字が書けなくなって、体操ができなくなって、倒立ができなくなって、ということがありました。

ところが、小学校二年の三学期のときに担任の安斎先生が、終業式の前日に、ひとりずつ生徒に前に出て将来の希望を言わせたことがありました。男の子だけのクラスで、女の子はいないんですね。皆が「軍人になる」と言うんですよ。わたくしは、背が高いから最後ですよ。嘘になるから、わたくしはそうとは言えませんでした。もう身体に障害が起こっていて、体操もうまくできなくなっているときに、軍人になるとは言えない。まだ小学校二年生で将来のことは分からない。よく覚えていますよ、皆の前に立ったまま、背の高い二年生の子どもが泣き出したんですよ。わたくしはおいおい泣きました。そこに座って子どもの発言をニコニコ聞いていた安斎先生はびっくりして、背の高い子がいきなり泣き出したので、「加藤君、どうした?」と駆け寄ってきて抱きしめてくれたんです。

僕はボロボロ泣いて、「ぼくは軍人になれません」と言いました。そういうときに一種の絶望感がありました。望みはない、ということで、とても簡単な子どもっぽいものだけれども、今の子どものなかにもそういうものがあると思います。いろいろな形で出てくると思うんです。

軍国主義の教育を受けているなかで、体に障害が起こるというのは情けないことでした。まるで人でなしみたいに対応されるわけです。体操の時間に、わざと皆の前で見世物にされるんですよね。皆が見ている前で肋木にぶら下がってどうしようもない状態をさらけ出して、ゲラゲラ笑われる。肋木に両手で捕まってぶら下がりながら、どうしていいか分からなくなる。他の子どもたちはいろいろな仕草をやるんだけれども、自分は動けない。

それから、平均台を渡らせるんですよ。渡れなかったんですよ。ちょっと歩き出すと、落ちるんですよ。それを先生が何度もやらせるんです。あれは本当にひどい経験でした。

そういうときに、子どもごころに自分の一種の絶望感を持ちました。そういう自分にとっては、日曜学校に行くことはひとつの救いになりました。もっとも、今度は教会に通っているということを笑いものにされて日曜学校にも行かれなくなったというときもありました。

その一方で成績はいいですからね。学校の成績は「俺は頭悪くなったな」と熱を出したときに思ったときにも、クリアな頭脳の働きは消えたと思いつつも、成績はいつも一番でしたからね。成績は一番で体育はビリという、これは劣等感と優越感の間を行ったり来たりしているわけです。体操の時間の前に、お腹が痛くなるように、と一所懸命お祈りしたこともあります。

一同　（笑）。

加藤　下痢でも始まったら、先生はいくらなんでもやらせないだろうと思って、病気になるようにとお祈りしたけれども（笑）、聞かれなかった。本当に素朴なことですけれども、そこから始まって、深くキルケゴールやドストエフスキーを読みました。

森島　先生はビリー・グラハムみたいな存在は、あまり評価されませんね。なぜですか？

加藤　出たことない。そういう大会に行ったことがない。

森島　ああ、なるほど。興味もない？

加藤　興味もない。トゥルンアイゼンが『牧会学』のなかでビリー・グラハムを批判していますよね。大衆伝道を集会でやっても仕方がないと批判しています。それこそ、一対一の魂への配慮の対話を通じての伝道とは対立的ですよね。人が集まって、大量に決心しても、それで魂が養われるわけでもないと思います。

全然出たことないと言ってしまうと不正確ですね。学生のころに、スタンリー・ジョーンズの集会には行ったことがあります。スタンリー・ジョーンズが大きな体を説教卓の陰に隠しながら、立ち上がって、こうやって翼を広げてイザヤ書の鷲の翼の話をしたことを覚えています。

III 戦後の文化と社会をめぐって

1996年、鎌倉雪ノ下教会にて、ボーレン先生の通訳として

ひとりの人間としての言葉

加藤　もう時間があまりありませんけれども、「言葉」というものをめぐってどうしてもお話ししておきたいことがあります。

一九六〇年に安保改定反対闘争がありました。そのとき、わたくしは金沢の牧師でした。金沢大学の先生たちに薦められたのか、どういう経緯だったか忘れましたけれども、石川県安保改定反対闘争議長団の議長のひとりになりました。ですから、デモのたびに長いスローガンを書いたものを持って歩きました。

あるとき、兼六園で集会をして、万を超える人が集まったことがありました。そしたら、その金沢大学の講師の森先生が「あなたはいつもデモの先頭に立ってくれているけれども、こういうところではスピーチをやったことがない。今日は絶対に話をしないと困りますよ」と言ったのです。日本山妙法寺という仏教の団体があって、仏教のお坊さんのなかでも、日本山妙法寺の人たちは一所懸命に問いかけていました。赤い衣を着て一所懸命やっているときでも、お坊さんらしく、自分たちの立場を語っているんです。それでわたくしはその後に立って、「私は牧師だけれども牧師としては話さない。ひとりの日本人として語る。ひとりの人間として語る。この安保闘争の戦いも決着はまもなくつく。しかし、たとえ敗北しても、この戦いは続けよう。それはどういうことかというと、日本の国が本当の人間を造る国になるためだ。だからこれは長い戦いで、もうわれわれが一生、人間としての国、人間らしい国を作るという課題を今負っているんだ」という話をしたんです。その時に、「ああ、僕は『牧師』って肩書きも外したな」と思いました。自分自身の体験で、とてもおもしろかったです。

牧師としても語らない、ひとりの人間として語るということです。これがわたくしの立っている政治的な戦いを決めていることです。鎌倉でも、第一高等学校の先輩正木さんが鎌倉市長選挙に出たときに、鎌倉駅で応援演説をしました。車の上に乗りましたが、あの上は高くて怖かったですね（笑）。

一同　（笑）。

加藤　そこでマイクを持って話しました。ついでに言うと、あとで、造反の問題が起きたときに、鎌倉教会のある牧師が革マル派と関係を持って、それで警察に踏み込まれて問題が起きました。教会総会でその先生が問われたときに、その先生は「私は鎌倉雪ノ下教会の加藤先生ほど政治的ではない」と言ったそうです。それで「えーっ」となったんだけれども……。

一同　（笑）。

加藤　その時にわたくしのなかにあったのは、「キリスト者だから」「牧師だから」というのではなく、ひとつの明確な人間としての立場でした。本当のキリスト者というのは、人間として、本当の人間として立ちうるものだと思います。俺は牧師だからとか、キリスト者だから、と使い分けてやっていくのではなく、ひとりの、一個の人間としてこれをやっているという思いが自分を支えることがあると思います。わたくしは北陸学院、津田塾や東京女子大も少し関わりがありましたが、いわゆるキリスト教主義学校の教師でも同じ問題があると思っています。

今、キリスト教主義学校で、キリスト者が少数になってきているでしょう。すると、どうしても片意地を張るんですね。むしろキリスト者が裃を頑固に着ようとしますが、裃を脱いだ方がいいこともあります。ひとりの人間として生きるということはこういうことだと。ただし自分はキリスト者としてしか、その人間であることはできないという但し書きが付いています。誰かが共産主義者だとしても、しかし自分はこういう人間として生きるということです。

例えば、第一高等学校で出会った真《ま》下《した》信《しん》一《いち》教授は非常に立派な人間で、信仰を持っていない無神論者でしたけれども、とても良いコミュニケーションを取ることができました。わたくしのクラスの担任にもなってくださった人です。そういうときには一緒に人間としてお付き合いしているんです。

この人に伝道するとはどういうことかなという意識が働いたこともあります。ただ、そういうこととは別のところで、少数者であるキリスト者は、裃を頑固に着ようとすると、この日本の社会で生きていけないと思います。あるいは、生きていけないからそうするというよりも、ひとりの人間として生きるということは、もっと基本的なことだし自然なことだと思います。

例えば、教文館という出版社が銀座の地にあるときに、全く非キリスト者の作っている社会のなかで、銀座という具体的な社会のなかで生きていかなければいけないし、生きていますね。そうなると、信仰を持っていない人と付き合っているわけで、その時に、いつも「この人はキリスト者でないから」という意識で付き合ってはいられませんよね？　信仰の有無にかかわらず、人間としての共通基盤というのはあると思います。そのとき、この人は救われていないということははっきりしているんだけれども、その上で、その人の良心や善意を信じるということはあると思います。

森島　私、その加藤先生がおっしゃる、「人間として」ということに、とても感銘を受けてきました。ある時にキリスト教を強烈に批判する教授の方と会って、話しているうちに、この人はキリスト教の教理や理解を批判しているのではなく、どこかで変なクリスチャンと出会ってしまったんだ、と感じました。きっとどこかで傷ついたりどこかでつまずいたりしたことがあったのでしょう。だから、「あっ、そういう人なんだ」ということを受け止めて、私は私で付き合っていくことが、とても大事な伝道のひとつの道だとも思いました。

加藤　そのデモのときの話をしながら、「あ、今自分は裃を脱いだ」と思った意識は、わたくしにとって非常に貴重なものでした。「今、わたくしは、牧師としてではなく、人間として、ひとりの人間としてあなたがたに訴える」と言ったんです。そしたら、翌日の北國新聞に、「静かに説く牧師さん」という見出しで、そのデモのことが大きな写真入りで出て、「牧師さん」という肩書きがあり、牧師がまだくっついているなとは思いました。

一同　（笑）。

加藤　新聞記者としてはそう書かざるを得ないのでしょう。ただ、その記者はわたくしのアピールを、いろいろなアピールのなかで一番印象深く聞いてくれたということがうれしかったですね。

問題はその時の安保闘争、安保改定反対闘争を支えた意識が、今日本人のなかになくなっているということなんです。あの時の確信の思いが消えているんです。どこへ行っちゃったんだろう、と。

そこでデモにたくさん参加した人たちはおそらくその多くがすでに亡くなったはずですが、その後、どうしたんだろうとは思いました。

牧師の政治的活動

森島　加藤先生が『福音主義教会形成の課題』の最後のところで書かれた文章に、自分は市長選挙の応援演説に出かけたが、「そういうふうなことが教会に生きている牧師としてどう意味を持つかということを含めた問題が、ここに当然出てまいります。……私の希望がもし許されるのならば別の機会に取り上げた方が良いと思います」（三九四頁）という言葉が出てきます。私が知っている限りでは、加藤先生は牧師がこういう政治的な問題や活動と関わることについて、別のところで書かれた文章はないと思います。

加藤　そうです。

森島　そのことについて、お話いただけますか。

加藤　それは金沢のときからですね。安保改定反対闘争のときに、日本基督教団中部教区総会がありました。その総会で、安保改定反対決議を提案した人たちがいましたが、わたくしは断固反対でした。「今、その決議を教区で決めないでほしい。決めてこちらもそれを呑まなければいけないのなら、教会に帰れない」とまで言いました。

なぜかと言うと、当時の若草教会に自衛隊の幹部がいたからです。金沢自衛隊の幹部で若草教会の教会員ではなく、他教会の会員で、金沢にいる間は客員としていました。その方は、自衛隊でも上の地位の人でした。

自衛隊は安保改定に賛成しなければいけない立場に立っていますよね。その人の顔を思い浮かべると、教会としてその人と対立するのは良くないし、教会がそういう意味で態度を決めてしまうことに反対だと主張しました。今でもよく覚えていますが、わたくしよりも年配の牧師に「君みたいに若くて反動的な牧師がいるか」と罵られました。

罵られたけれども、それでもわたくしは退きませんでした。金沢教会の上河原雄吉《かみがわらゆうきち》牧師が一緒に来ていて、きちんと「加藤牧師の言うことが正しい」と発言して、決めないで帰ったんです。だけど、議長団だったんですよね。それで、はっきりその人にも言って、牧師が安保改定に反対だからと言って、あなたがいにくくなるようなことはしない、と。それは、教会として政治的な態度を決めることと、牧師が自分の政治的な信念に関わって行動することとは違うと思っていたからです。

さらにもっとおもしろい現象として、自衛隊の幹部の人がいたおかげで、自衛隊のなかで聖書研究会をやる許可を得られたということです。ただ、土壇場で拒否されました。なぜかと言うと、その自衛隊の幹部の誘いもあって、自衛隊の隊員でふたり、若草教会で求道者として生活をしていたんです。必ず日曜日が休みとは限らないので、休みの日があるとふたりでやってきていました。若草幼稚園の畳の部屋で向こうはきちんと正座して、相対して、信仰指導をやっていました。

ところが聖書研究会の許可を得て、そのあと、土壇場でその人から「先生、やっぱりできなくなりました」と言われて、「どうして?」と聞くと、「いつも来ているあのふたりが自衛隊を出ると言い出している。それは加藤牧師の感化に違いない」という理由からでした。

確かにそうなんです。僕は自衛隊で戦うことが聖書的にどう意味づけられるかという問いもふたりに投げかけていましたから。当時の自衛隊というのは、国を守るという意識よりも、貧しい家の人たちが、自衛隊に入隊すると、給料をもらいながら運転免許などの資格を得られるという思いもあったようです。

そういうところで、牧師に消極的なことを言われて、自衛隊を辞めると言い出した人がいたのです。「あの牧師に聖書研究で乗り込まれたら、どういう影響を及ぼすか分からない、という疑いをかけられまして」ということになり、実現できませんでした。

当時、県立の高校あちこちで聖書研究会をしていました。ひとつの伝道の方法で、高校生で洗礼を受ける人があると、「君、学校でハイスクールYMCAを作りなさい」と持ちかけました。一種の部活動としてやるので、学校は認めざるを得ないわけです。そしてその伝道活動とは言わないけれども、ハイスクールＹＭＣＡの部活のひとつとして聖書の学びをし、牧師を呼びますと言うと、校長は断れないですね。そういった方法であちこちの県立高校に入り込んで、聖書の学びをして、高校生伝道として成功していました。

自衛隊でもそれをやろうと思ったのですが、うまくいきませんでした。その時に、わたくしが持っていたひとつの判断は、日本の国民のひとりとして自分は投票するし、政治活動をしなくてはいけないということです。ひとりの市民として、国民として、どの政党に投票するかも自由なわけです。安保改定反対も同じように考えてやりました。それでも、決して教会の行動を束縛するようなものではない。教会としてどうこうするというものではない、とはっきり区別していました。

教会のいろいろな会で自分の意見は言うんです。教会でも、牧師の政治的な意見は観念的だとかよく言われていました。それでもきちんと分けて考えていました。

森島　確かに加藤先生は、教会で、特に説教で語るときに、絶対的な事柄と相対的な事柄はきちんと分けて語っておられます。例えば天皇制について語ろうとすると、絶対的なこと、神との関係のなかで、それは語らなくてはいけませんね。

加藤　必要なときにはね。あまり天皇制批判もしていないんですよ。ただ正面切って批判したのは大嘗祭のときですよ。

森島　相対的な問題、つまり歴史が経過することによって判断されるような問題については、教会の決議としてでも、説教でも話さない、ということですよね。

私も牧師の社会活動を考えるときに、とても参考にしています。ひとりの人間として、牧師が社会活動をしている人は、九州ではたくさんいます。

そういう中で考えさせられるのは、ボーレン先生がインタビューのなかでおっしゃっていたことです。先生もいろいろお金を集めて融資をされていたときに、「こういうことに首を突っ込んではいけない。教会の牧師としての仕事に専念すべきだ。……バルトに学ぶとどうしてもこういう点で控えめになるんじゃないでしょうか」（R・ボーレン『説教学Ⅱ』四〇五―四〇六頁）と言われたんです。

加藤 誰が言った？

森島 それは、ボーレン先生。

加藤 そうでしょう。

森島 加藤先生もバルトの影響を受けていますし、「牧師の仕事に専念すべきではないか」という考えにはならないのでしょうか？

加藤 例えば有名な話ですけれども、バルトの長女が戦争中に結婚しました。その結婚式の最中に、カール・バルトが鉄かぶとを落っことし雷が落ちたような、グワッという大きな音がしたということがありました。

鉄かぶとというのは、その前の晩、バルトは国民のひとりとしての働きがあったんです。スイスは国民皆兵ですから、皆家で小銃を持ってました。それで銃を持って、鉄かぶとを被って、一晩夜警に寝ずに立っていて、長女の結婚式に来て眠ってしまった。それで鉄かぶとがゴロッと落ちてすごい音がしたという、これは有名なエピソードです。

バルトも、自分として兵隊としての義務はきちんと果たしています。そういう意味では、牧師だからといって投票しないわけにはいきませんよね。そういう意味での市民活動のなかで、やることはやって構わないと思っています。それでも政治活動はやらないですし、活動家にはなりません。

森島 選挙カーに乗ったりすることには、特に抵抗もありませんでしたか？

加藤 そういうことは求められてやるだけですし、それは市民のひとりとして、日常のなかでやるわけでしょう、違う？

森島 でも、安保改定闘争では議長団の一人になられましたよね。

加藤 そうそう。「ひとりの市民として議長団の一員になってくれないか？」と言うから、「はい」と答えました。だからといって、政治活動家にはなってはいません。

森島 なるほど、そうなんですね。

どうしてこういう質問をしたかと言うと、いろいろな現場を見にいったときに、聖書の言葉はあまりよく分かんないけれども、自衛隊とか原子力発電所についてはよく知ってます、という牧師に出会うことがあります。それは違うのではないだろうかと思います。

加藤 それは違う。

森島 そうですよね。やっぱりそれは違う。

加藤　あくまでも素人として求められてやれる範囲のことをやっているだけのことで、僕は大したことをやっている意識はありません。牧師だからやっているという意識ではないです。

森島　一市民として。

加藤　牧師だからやらないとも思っていません。ごく自然にやれる範囲でやっているんです。

森島　そこはおもしろいところですね。東京神学大学の先生方のなかでそういうことをした人はおられませんし、非常に興味深いところで、自由で、教えられます。

現代における性倫理

森島　現代的課題で聞いておきたいことがあります。時代が変わってくるうちにいろいろな倫理的な問題も出てきます。ＬＧＢＴという言葉が出てきて、キリスト者の交わりのなかでもそういうことをご自分でカミングアウトされることがあります。それは本人にとって大きな悩みだと思いますし、それに加えて周りの人たちにとってはどう受け止めてよいか分からないという問題がこれから出てくるとも思います。創造の秩序に関わることですけれども、加藤先生はこういう問題についてどう思われますか？

加藤　基本的な態度はあるんですね。

ひとつはやはり聖書が基本ですね。聖書の基本から言うと、例えばそういう立場の人というのはそのまま受け入れられません。例えば医学的に認められていると言っても、それも必ずしも、だからいいということでもないと思います。それが基本的な態度です。だから、聖書の釈義をきちんとやったら受け入れられないんですよ。

ふたつめに、わたくし個人の問題から言うと、ボーレン先生とも議論したんだけれども、同性の間における性関係だけでなくて、サディズムやその反対のことについて、ボーレン先生はそういうものに対してある種の肯定的な態度があります。それでボーレン夫人とわたくしと先生との間で猛烈な議論をやったことがあります。『源氏物語と神学者』（川中子義勝訳、教文館、二〇〇四年）は日本で先に刊行されて、あとからドイツでも"Japanische Meditationen"という題で刊行されました。わたくしが序言を書きました。その本には結局採用されなかった――ボーレン先生が削っちゃったのか、編集者が落としたのか分かりませんが――文章があります。わたくしは性的な一種の偏向というようなものに対しても否定的です。それでもひとりの人間として考えたときに、同性愛的な動き、そういうようなものが自分のなかにないかというと否定できません。例えば男性の肉体にこころを惹かれるとか。少し動けばその方向に生きかねない可能性は、人間皆が持っていると思います。

そういう意味である同情を持っているので、頭ごなしに、それはいけない、あれはいけないというよりも、別の形で対応したいという思いはあります。対応して、場合によっては説得することもできると思うのです。

ただ、なぜそういうことが現代において表面に出てくるかというと、今、人間は自分中心のものの考え方しかしないでしょう。聖書の言葉よりも、自分の思い、願い、欲望が先なんです。そういうことではなくて、神のみ言葉の前では自分のどんな思いも、抑制するとか捨てるとかいう決断があるはずだと思います。そういう意味では、対応しながら、そういうふうに導くことはできないかなという思いがあるんです。だから基本的にはあまり賛成ではない。平野さんに聞いたら、ハワーワスの神学でもそういうことに対して否定的だと言うけれども、そうだろうと思います。それは、キリスト者の倫理としても単純に許されることではありません。ただ、律法主義的に裁くことでもないのです。

なぜかというと、万人のなかにあるひとつの傾向が、神の戒めに背くというのは、例えばそういう形でも出てくると思うからです。そのことについて同情は持たなくてはいけません。だからと言って、賛成するということでもないと思います。律法主義的に裁くことには反対です。

日本の思想

加藤　森島さんにずっと質問されているから、わたくしは森島さんのような若い人に聞きたいところがあります。

戦後七十何年か過ぎて、その間に日本の思想がどう動いてきたかということです。細かい動きを追っていくときりがないけれども、大まかに追うことはできると思います。敗戦後、日本はあっけにとられるほどアメリカ至上主義になりました。「一億総懺悔」と言って、平和憲法を皆受け入れたんです。それから日本の首相がどう変わってきたか。

日本の首相がどう変わってきたかというのは政治の局面で見ていくと簡単だけれども、社会党の運命をきちんと考察するとおもしろいです。社会党は、戦後、ある意味で花盛りで、キリスト者が期待した政党です。その代表に、社会党の戦後の委員長で河上丈太郎《かわかみじょうたろう》さんがいました。この人は神戸出身の人で、とても熱心な教会員です。「十字架委員長」と言われていましたね。

この人の国会の場での発言は本で読むこともできます。非常に立派な信仰者ですね。国会で自分の信仰を語っています。そういうところで代表されるようなひとつのタイプの考え方は、戦後のキリスト者の政治的な望みを託すことができるのは、社会党だという考え方があったんです。わたくしもずっと社会党に投票していました。

その社会党にも右派から左派まであったけれども、ひとつの言い方をすると社会主義は理想主義的な色合いを持った。つまり人間が作る社会というのは、資本主義ではなくて社会主義だろう、ということです。人間が平等に働いて、平等に利益を得て、という社会主義です。人間の顔をした社会主義の現実態というものを夢見ていました。

その願いを社会党に託したわけですが、今の社民党は政党として成り立つかどうかの瀬戸際になっています。その社会党の盛衰と教会の盛衰はよく似ています。

今のところ社会党は消えるほどではないが、教会も消えていっています。社会党に比べれば、まだ教会はマシだとも言えますが、内容的に言うと、社会党の政治思想は一種の理想主義なんですね。これはドイツでもそうです。ドイツでも理想主義は「青い目をした理想主義」と言われています。その理想主義がどんどん光を失っていったのがドイツの教会の状況だということです。けれどもドイツの場合には、メルケル首相がかろうじてキリスト者として踏ん張っているから、まだ理想主義の香りがしますし、避難民に対する態度でも人道主義的な態度を保っているように感じます。日本の場合には、その理想主義がどんどん消えていきました。

　理想主義という言葉は、英語では「アイデアリズム」と言いますね。ところがアイデアリズムのアイデアというのは「観念」とも言えるんですね。観念は現実に根ざさないから、観念的なものだともされるわけです。日本における理想主義は、地に足を下ろさない、夢みたいなものでしかなかったというふうにされてしまいました。

　ドイツでも「青い目をした理想主義は消えろ」と言われていて、それが失望感、絶望感を生んでいます。日本では、もはや今そういう理想主義を語る人はいなくなってきています。わたくしは信仰に根ざしているから、単なる理想主義だけではなかったかもしれませんが、理想主義に乗ってきたところがあります。だから、富岡幸一郎《とみおかこういちろう》さんに批判される立場になるんですよ。

　富岡幸一郎という人は、右がかったんですよ。右がかったというのは、その引き金になったのは、彼も理想主義に失望しているところがあるからです。今の日本は理想主義、観念主義ではどうしようもない、と。今、理想主義はどこに行ったか。その理想主義が衰えるひとつのきっかけになったのは、ラディカルな運動なんです。一九六〇年代後半のラディカリズムはフランスから始まったと言っていいかもしれないですけど、世界を席巻したわけです。ドイツでもひどいものでした。

日本でも東京神学大学にそれが象徴的に出てきて、このラディカリズムは何かと言うと資本主義を相手にしていると言います。例えば、反万博闘争のときに、万博を生んでいる資本主義を叩くような物の言い方をするけど、実際に何を叩いたかというと、今言ったこの理想主義を共有したインテリ層でした。少し左がかっているけど、共産主義ではないんです。社会主義的な立場なんです。もちろん共産党も叩きましたが。

例えば象徴的なのは、亡くなった高崎毅《たかさきたけし》学長です。ラディカルな人たちが、理想主義的な資本主義に立たないで、もっと別の人間らしい社会を作ろうと思っていた人たちを打ちのめしたんです。資本主義者ではないんです。そうではなくて、もっと手前にある、近い立場にあるような人たちを、吉本隆明《よしもとたかあき》というような人たちの観念に導かれて叩きつぶしたということです。

その時に、典型的、象徴的な存在になったのは東京神学大学の教授会です。教授会は話し合いを拒否したと言って批判されたわけですが、話し合いを拒否したのはラディカルな学生たちなんです。それを今でもはっきりと覚えています。

教授会も、靖国神社国営化反対闘争をやっていました。そういう問題で教授会と学生会とがシンポジウム、対話集会をしましたが、教授会が意見を言った後で、学生のなかで質問の手を上げたのを、ラディカルな学生グループの指導者が手を押さえたんです。質問することをやめさせたのです。

それはどういうことかというと、彼らが対話の糸口を切って、両者の対立に追い込んでいったんです。

その結果、学生たちは教授会が対話を拒否したと宣伝をして、教授会がいじめられて、教授会に代表されるような、あるいは教授会に近いような資本主義者ではない理想主義者たちを叩きつぶしたということです。それで理想主義は消えたとわたくしは思っています。そこから、教団の悲劇も始まっていると思います。

そのなかで、わたくしもある意味で理想主義者だったけれども、言葉を失った方で、批判的なものを言える方じゃないんです。その点では敗北者なんです。もう少し自分にやりようがあったかな、と思うし、何もできなかったという無力感があります。同時に、自分の教会内でもいろいろと問題が起こり、それに足を取られてうつ病になって第一線から退いた期間があって、本当の戦いをすることができないまま、八八年の生涯のなかで一番つらい経験をしました。

ある意味では、戦争経験よりももっとつらい経験でした。戦争経験というのは子どもと言ってもいいような時のことでしたが、教団紛争では自分が責任を持つ立場でも何もできなかったという敗北感を持っているんです。そういう経緯を振り返るんだけれども、今の人たちはラディカルな学生運動をどう評価しているのかなとは思っています。

森島　今起こっている運動ですか？　例えば、SEALDsのような運動のことですか？　それとも七〇年代のあの運動のことですか？

加藤　六〇年代終わりからの運動です。その前の安保闘争の学生運動とは違うんですよ。質的に違うんです。そして、今の人たちとも違います。

森島　本当に恥ずかしいことに、私だけではないとは思いますが、私の見方で言えば「分からない」というのが正直な答えです。分からないというのはなぜかというと、教えられていないし、その光景を見せられていないからです。私の両親は、バリケードがあったときの東京神学大学の一年生ですから、そのときのことは聞いたことがあります。ほとんど授業にならなかったとか、高崎毅先生が亡くなられたとき、母は先生の教会に行ってたので「殺されたのに等しい」という言葉も聞きました。「あれは殉教だった」と皆が言っていたくらい、悲しい出来事があったことは聞いています。けれども、すべてが断片的で、あの出来事の本質がよく分からないんです。

教団紛争・東神大紛争

平野　僕は六二年生まれですから、七〇年のときは八歳でした。でも僕にとっては戦争よりも知らないことです。伝承されていないんですね。

ＩＣＵにいたときに教育学を学んでいて、「卒業論文で『紛争』をテーマに書きたい」と言ったんです。そしたら「それは駄目だ」と一蹴されました。「まだ歴史化できない」、と。何が起こったか知りたかったんですよ。もちろん大きな痛みがあるのは分かるんですけれども、一体何があったのか、そしてどうなっていたのかについては、タブーだったんですよね。

代田教会に着任したとき、教会員に隅谷三喜男先生がおられました。ある日、隅谷先生からこんなことを尋ねられました。「何で教団は紛争が終わって、四〇年も過ぎているのに和解できないの？　僕は東大紛争の渦中でも学生たちとよく話をした。それなのに教会はどうなっているの？」と。素朴な問いでした。「なぜ教団は和解のテーブルにつけないまま、ずっとそのまま来ているのか」って。

私の神学生時代、そしてそれ以降もずっと、双方が一緒にテーブルに着くこともない時代が続いているように思います。

加藤　誰と一緒に話すの？

平野　たとえば、フリー聖餐を主張する人たちです。お尋ねしにくいことですが、先生は東神大紛争をどのように考えておられますか？　なぜ解決に向かわないのですか？

加藤　わたくしは総括の働きを教団のなかでやっていないと思っています。

平野　それができなかったということですね。

加藤　ドイツ告白教会の問題でも同じです。ドイツ告白教会でさえも教会政治の争いでは敗北したと言われているんです。なぜつぶれたかというと、実は、数的には告白教会の人の方がドイツ・キリスト者よりも多かった。では、どうして告白教会が敗れたかというと、中間派がいて、その人たちがドイツ・キリスト者を支持したから、結果的にドイツ・キリスト者の方が多数派になってしまったのです。

教団紛争の場合にも、各教区が皆教授会の批判をする声明を出し、教団と東京神学大学との間の縁が切れてしまいました。それは、中間派が皆学生側を支持したからです。学生といっても、その反対闘争をした学生のなかで、闘争に加わらないで教授会を支持した学生たちのグループもあります。

そういうことの総括をしていないですね。教授会と反対派が同じテーブルにつくのではなく、中間派が自己批判をしないと問題は解決しないと思います。これはドイツでも同じです。中間派が本当に自己を克服していない。一番悪いのは中間派なんです。

そして、ラディカリズムがなぜ教会のなかであれだけ力を持ったのかをきちんと総括しないといけないと思います。そうしないと克服できません。わたくしはそういうことだけではなく、他人の批判でなく、自分が無力だったという思いがあります。何をすれば良かったんだろうかと振り返ります。

わたくしは病気になったので、機動隊導入の決議をしたときの教授会にも参加していないんですよ。それである教授は、僕が教授会を離脱するのではと思って、僕が休んでいるところに訪問に来ました。僕は「そういう意識は全然ない」とはっきり言いました。敗北感が強かったんですよ。だから僕は一体何をしたらよかったのかなと思います。他人の批判をするよりも、「すまなかった、僕のやるべきことがあったのに、なぜこの無力感のなかで立ち直れなかったのか」という思いがあります。これは八八年の生涯のなかで一番深い傷ですね。

あそこで無力だったということと、理想主義の壊滅が、どこか重なります。理想主義に生きたんだから。「理想主義というのは、要するに観念論ですね」と言われると、そのとおりだと言わざるを得ないところがあるから、もっとつらいんです。

渡部 竹森先生は拉致されて、バリケード封鎖された大学のなかまで連れ込まれた経験をされました。暴力に対して甘いですよね。もう少し後になってから会議で机をひっくり返したりする暴力的な行為をする人を見ていて、なぜ周りの人たちがその人を排除しようとしないのか、そういうことが感覚的に分からないんです。教会のなかで、物理的暴力を振るう人がいて、そういう人が支持されることが信じられません。

加藤 そうです。一種の観念的な態度ですね。キリスト者は、観念の世界で動いていただけという一種の恥ずかしさもあります。

森島 申し訳ないほどに私は話がポイントしか分からず、北森先生が殴られたとか、そういう話は聞きますが、全体がつながらないのです。時代錯誤かもしれませんが、むしろ不思議なのが、三鷹の片隅で起こったあの出来事がなぜ今も残っているのかということです。なぜそこまで争うのかと疑問です。

加藤 教団が、問題解決の力を持っていないんですよ。

森島 それは教団議長と学長が握手しただけでは済まされない問題でしょう。

加藤　済まされない問題ですね。

森島　もっと本質的、思想的なものを含めた、信仰の決断があります。

加藤　そう。

井ノ川　私どもが座談会をしている教文館は九・一、二集会が開かれた教団紛争の象徴的な場所です。私が大学三年生のとき、近藤勝彦先生がドイツ留学から帰ってきて、私どもの教会の牧師となりました。近藤先生から東神大紛争、教団紛争のことはよくお聞きしました。伝道者になることは、東神大紛争、教団紛争という歴史を担っていかなければならない覚悟がいる。伝道者になってからも、地区、教区、教団において戦ってきた思いが強くあります。教団がまことの教会として堅く立つことが、日本伝道、日本の教会形成につながることと思って戦ってきた思いが強くあります。

朝岡　私は日本基督教団の外の人間で、時代も違うし、本当に書かれたわずかなものから遠目で見ながらおりますが、日本の戦後のプロテスタント教会という意味では、やはり人ごとではないと思います。戦時中合同したなかにいた群れのひとつという意味では、決して対岸のことではないと思います。それでも、日本基督教団だけのことではないとつくづく思います。また、世の人たちは教団教派は分からないですし、プロテスタント教会と言えば、だいたい皆知っているのは日本基督教団でしょう。そうすると教団の先生方の集まりでご一緒させていただくと、内部の問題に、僕らは分からないところで突き当たりますね。

もう内部の問題では全然収まっておらず、対外的にもそのことの影響はずっとあると考えると、とても残念に思います。僕も日本基督教団の教会や教区の集まりに呼んでいただくことが増えて、お話しする機会がありますが、「どこの誰かほとんど知らない人間を呼ぶんですけれど、なぜかというと日本基督教団の先生だと呼べないんだ」と言われます。「誰かを呼んだら、その色が付いてそれだけで来ない人がいる」というのです。そういうことのなかに、逆にこちらは何でもないから、「どうぞ自由に使ってください」と言っています。

でもそうやって、そういう集まりでお話しして、終わった後に主催の先生たちと話すと、その先生たちではない立場の人が、「今日はあの人も来てた」「あの人は何しに来てたんだ」みたいなことを聞きます。それを聞くと、「僕の前ではそれを言われても……。それはおたくの内側の話でしょう」と感じてしまう。そういうことが話し合われることが、なんとも言えぬもの悲しさがあります。

加藤　そういうことと切り離せないと思いますが、ラディカリズムが、日本の戦後の思想史のなかでどう位置付けられるか、非常に関心があります。なぜあのようなことが起こって、それが何を生んだか。あるキリスト者のひとつの流れが断ち切られたということでしょう。それが高崎学長の死に象徴されると思っています。

今のままだと当事者が死ねば問題は消える、それを待っているという姿勢でしょう。加藤も死にかかっているし、他の先生たちはもうかなり亡くなったし、当事者がどんどん消えていけば、過去に負ったひとつの傷だけど、傷を癒やすこともなく過ぎていくということです。ただ、そういう問題なのかという気がして仕方がありません。教会的に処理できなかったことは明らかです。

東京神学大学の教授会がすべて正しかったとはわたくしは思っていないんですよ。だけど、教授会を孤立無援に追い込んだ教団は、何だったんだという思いも強いです。当時、わたくしはめったに神奈川教区の総会には出なかったけれども、ある教区総会に出たら、いわゆる良心派の代表的な牧師が、「学生も悪いが教授会も悪い」と言ったので、「先生、ちょっと待って。先生は学生も悪いって言いましたよね」と返すと、「はい」って言うから、「学生も悪い」というところで、そこにちょっと句読点を入れて、「なぜ学生が悪いか、学生の悪いところはどこか、はっきり言ってごらんなさい」と聞いたのですが、それは言ってくれないんです。そこなんです。「教授会も悪い」と教授会を非難する決議をしただけなんです。そして何の問題の解決にも至っていません。

今の教団執行部は、教団と神学大学が仲良くなっているから融和関係が生まれています。しかし、教団は教会として本当は問題の解決をしていません。それはどういうことか、わたくしは居丈高には言えないですが、敗北者のひとりとして問いかけるよりは他にありません。

そういうことを、今からきちんと捉えて、乗り越える道を探ってくれるのが、森島先生の世代ではないかと思います(笑)。

キリスト教出版

髙木 もうほとんど時間が残されていませんが、加藤先生は著者としても、訳者としても、そして書籍を企画する編集者としても、戦後のキリスト教出版の世界と深くつながってこられたと思いますけれども、その辺りのことをお聞かせいただけますか？

平野　ひとつは、なぜあんなにたくさんの本を出されたんですか？

一同　（笑）。

加藤　そんなことを言われても困る。

一同　（笑）。

加藤　ただひとつ言えることは、本の作り方が昔とは変わったことがあります。昔みたいに四〇〇字詰めの原稿用紙に向かってペンを走らせるのではなくて、今はわたくしが語った言葉がそのまま本になりますね。今回の場合には典型的ですけれども、録音されて、それをわたくしでなく、誰か別の方が書き起こして、自分はそれを読み直して、手を入れれば本になる。この仕組みは、例えば説教全集が生まれるときにも有効でしたね。昔は説教者はそんなことはできませんでした。自分が語った言葉が速記されて、書き起こされるのは、非常にまれなことでした。

そういうことから言うと、本を作りやすくなったからだと思います。私が語った言葉が、片っ端から本になりました。まだコンピュータをのぞけば、材料は残っていますよね。手を加えれば、まだ本は何冊も出せるという状況があります。

ただ、それとは別のことで言うと、本は直接会って言葉を伝えなくても、言葉を伝える非常に大事な媒体です。今は、コンピュータやメールとかいうような別のルートもありますけれども、基本的には書物にはそういう役割があります。自分の言葉が誰に伝わったかを考えるときに、自分の説教を直接聞いてくれた人だけではなくて、説教全集を読んだ人たちのなかにも、わたくしの言葉を通じて福音を聴いた人たちがたくさんいます。それは、いろいろな場面で感じています。

鎌倉雪ノ下教会での終わりのころ、ある日曜日の礼拝で、埼玉県から初めて来たご夫婦があったんです。その方が玄関で短く話をしたのは、「自分は信仰の危機に陥っていた者です。ところが先生のローマの信徒への手紙に出会いました。ローマの信徒への手紙の第一〇章の説教を読んで、私は立ち直りました。おかげさまで」と言って、わたくしと握手をしているときに、泣き出してしまいました。

説教を直接聴いていないけれども、説教集でそういうことが起こっているということです。それから、鎌倉雪ノ下教会の教会員で、お母さまが神戸にいる方があって、その方は逗子に住んでいました。そのお母さまから、せっせとわたくしの説教全集を出ると買って、本棚に並べて自分も読んでいた、という手紙が来たそうです。そしたら、全く教会に行ったことのないお友達がやってきて、本棚を見て、「ずらりと並んでいるこの本はなんだ?」とたずね、手短に、「こういう牧師さんがいて、息子がその教会で説教を聴いている。私も説教集を通して楽しんでいる」と応えたそうです。そのお友達がびっくりして、「お説教ってどういうものなのか、私も読んでみていい?」と言うから貸すと、その方は次々に読み続けて、教会に行くようになって、洗礼を受けたそうです。それも、思いがけないことでした。書物はみ言葉を伝えるひとつの大きな力を持っていると感じています。

ルターの改革のときにも、非常に大きな働きをしたのは、印刷術です。当時急速に進歩して、ルターの言葉が、今ほど便利なやり方ではなくとも、パンフレットなどのいろいろな形で印刷され、出回りました。だからグーテンベルクとルターは深い関係があると言われていますね。

ルターの聖書もそうですが、作り方は変わっても、今でも出版物というのはとても大きな意味を持っていると思うんです。これもひとつの伝道、神の言葉が行き渡るひとつの武器だという思いはありました。だから本を出すことについて、そんなにいいかげんな考え方は持っていなかったんですね。

『祈り』（日本基督教団出版局、二〇〇二年）という本を出しましたが、この本にまつわるいろいろな経験があります。『本のひろば』の特別号として、『本を読もう――言葉が伝える豊かな心』（キリスト教文書センター、二〇〇七年）という冊子を作るときに、福音館書店の松居《まつい》直《ただし》先生と対談したら、ご夫婦でわたくしの『祈り』の本を毎日の祈りとして読んでくださっていました。「私たち夫婦の祈りの生活を作ってくれた」というお礼の手紙もくださいました。

ある教会の長老からも、最近メールが突然入ってきて、「今先生の『祈り』の本を妻とともに用いて読んでいます。今日の祈りはこうでした、ありがとう」とね（笑）。メールがひょっと入る。そういうレスポンスがない人でも、わたくしが書いた祈りの言葉で、神様と交わりをしている人たちがいるんだと想像するだけで、楽しくなるでしょう？　そういう経験があって、本というのはいい媒体だなと感じています。

高木　ヨルダン社版の説教全集は、どういう流れで企画が立てられたのでしょうか？

加藤　あれは、当時ヨルダン社にいた若い編集者たちの企画です。企画力がある人たちで、まず竹森先生の説教集を出したわけです。その流れで私の説教集の企画も生まれました。

当時、説教集は売れないというのが出版界のひとつの通説だったんですけれども、「現代説教選集」というシリーズは売れたんですよ。特に渡辺善太先生の『銀座の一角から』（ヨルダン社、一九七一年）はよく売れた。そのシリーズに、私の『主イエスの背を見つめて』も入っていました。そういうこともあって、ヨルダン社は意欲的になりました。

渡部　あの説教全集は大成功でしたね。加藤先生まで直接お耳に届かない話でも、いろいろな教会で加藤先生の説教全集を読んで洗礼を受けたという人に出会うことがありますね。

すべてを読もうと思ったら、分量で圧倒されてしまうかもしれないけれども、加藤先生の本の場合は何よりも読み進められる中身だということですよね。読んで、次を読みたくなる。要するに読めば読むほど、自分たちの信仰を問われて、そこにみ言葉に対する引きつけられるものがあるということです。

おわりに

平野　最後に何かあれば一言ずつどうぞ。

井ノ川　二〇〇六年一一月、加藤先生の伝道五〇年記念シンポジウムを行いました。その祝いの席で、わたくしも『説教学』の完成を期待するという祝辞を述べました。加藤先生がこれまで追求してこられた『説教学』が大著として完成することを期待していました。そして、加藤先生が『説教への道——牧師と信徒のために』（日本基督教団出版局、二〇一六年）を書かれました。正直言って、私たちが期待したものとは違っていました。もっと分厚いものを書かれると思っていたのです。しかし、「牧師と信徒のために」という副題を見て、「ああ、そうだ」と思ったんですね。加藤先生の最初の説教学の著作が『説教——牧師と信徒のために』でした。説教学において「牧師と信徒のために」というパースペクティヴを大切にしていたのだと思いました。小さな本ですけれども、加藤先生が説教者として、伝道者として、説教学者として今まで蓄積してきた膨大なものが一言一言の言葉のなかに、凝縮されているという思いがしました。

そして加藤先生は、「牧師と信徒のために」というパースペクティヴに立って、牧師のためだけの説教学でなくて、学としての説教学ではなくて、牧師と信徒が共に作り上げていく説教によって日本で伝道し、日本の教会を建てていくための説教学を追い求めてこられたのだと。ここに加藤先生が歩んで来られた説教への道があったのだな、と改めて思わされました。

森島　私は今日、ただ記念としてではなくて、パフォーマンスでもなくて、これからの日本の教会と牧師たちが、そこで担わされている使命を果たすために必要な姿勢や方法等について読者の方々が聞きたいと思うことをきちんと先生から聞きたいと思い、尋ねにくいこともどんどんぶつけさせていただきました。そのことについて、誠実に答えてくださったことをこころから感謝しています。私の感想は、やはり加藤先生は「説教者・加藤常昭」だということです。もう全然変わらないです。言っていることもぶれていないというか変わっていない。今ここに生きておられるイエス・キリストをいかに伝えていくかという課題のなかで、それを軸にして、日本でどういうふうにしたらいいのかという応用問題もすべて語ってくださいました。教団の課題や神学校の課題や、いろいろなことについて先生のご意見を賜ったこと、私個人について言えば、いろいろな思想史的な宿題を与えられたことも宝のように思っています。感謝でいっぱいです。ありがとうございます。

朝岡　今回、先生のお話をうかがい、また準備のために『自伝的説教論』などを読み返してきました。他の先生のお話にも出てきましたけれども、説教者、実践神学者、牧師など、いろいろな肩書きで加藤先生をお呼びすることができると思います。ただ、やはり何よりも伝道者として、教会で説教を語り、ラジオや本などのあらゆるメディアを用いてみ言葉を語り続けてこられたということがよく分かり、非常に励ましをいただいたように思いました。

平野　この二日間、とても楽しかったのですが、まだ足りないですね。井ノ川先生が口火を切ってくださいましたけれども、加藤先生の説教は、いったいどこから何が変わってきたのか。ルカによる福音書ぐらいからその効果が始まって、ローマ人への手紙、マルコによる福音書で、これで私も説教できるというようになったということですよね。

加藤　そう。

平野　何をもって説教ができるようになったのかという、加藤先生の説教のなかで変遷があるんですよね。今でも変わり続けていますね。

加藤　もちろん、今でも変わるよ。

平野　そう、今でも変わっていらっしゃる。

加藤　牧師を辞めてからも変わっている。

平野　だから、その辺りをもっと聞きたかったですね。もう一回ぐらい説教について、文学としての説教、預言としての説教についてお聞きしたかったと思います。そういう意味で、まだまだ時間が足りないなとは思いましたが、いろいろな発見があって楽しかったです。

「ホーリスティック」という英語の言葉があって、日本語ではとても訳しにくいですが、「全人格的」とか「全人間的」ということでしょうか。加藤先生はホーリスティックに主イエスに従ってこられた。そして従っていけるんだということを教えていただいた。自分の一部分でイエス様に従いながら進んでいくのではなく、自分の全身で従っていいんだと思いました。加藤先生は、私にとっては証言者でいらっしゃるし、その姿をそばで見ることや聞くことができて、とてもうれしく思いました。楽しかったですね。

では、そこまでにしましょうか。先生、本当にどうもありがとうございます。先生、最後に祈っていただけますか。

加藤（祈り）あなたがみ言葉を与え、ここにいる者たちすべてを主イエスとともに死に、生きる者として、あなたの賜物によって生きる者として召してくださいました。今それぞれの賜物を携えてここに集まり、二日間にわたりまことにふつつかな言葉でしかありませんけれども、精いっぱいに語り合うことができました。こころから感謝いたします。

どうぞ、日本の教会を助けてください。日本の国を、みこころならば、福音をもってもっと豊かに生かされる国としてください。そのために、あなたが召してくださった者たちを、十分に生かしてください。言葉どおり、身もこころも献げる生活を作らせてください。わたくしどもが語る言葉を、あなたの言葉として聴き取る者を、ひとりでも多く増やしてください。主イエスの名による洗礼を受けて、主イエスの体を造る者たちを、もっと豊かに与えてください。そのためにどうぞわたくしどもを用いてください。

わたくしどもが今企画しているこの書物が、そのように伝道の言葉を生かし、強め、教会を励ますものとして、あなたによって用いられますように、この本を作るために努力をする教文館の働き人たちを、あなたが励まし、支えてくださいますように。今までわたくしどもに力をあなたが支えてくださったことを感謝し、これからのわたくしどもの歩みが祝されることを願い、主イエス・キリストの御名によって祈ります。アーメン。

（二〇一七年五月一日、二日　銀座　教文館七階にて）

あとがき

私の米寿を記念して、この座談会が銀座の教文館で行われたのは、二〇一七年初夏、実際には私の八八歳の誕生日が過ぎた頃でした。それがようやく一冊の書物となり、皆さまの手元に届くのが一年後、八九歳の誕生日も過ぎた頃となりました。

私が問われるままに答え、座談を進めていたとき、こころのうちに浮かんでいた思いのひとつは、こんなことでした。今の天皇がお生まれになったのは、一九三三年です。私が四歳の時です。今でもよく覚えています。私はお風呂が好きで、昼間でしたが、入浴しておりました。ひとりで風呂につかりながら遊んでいたのでしょう。突然、サイレンが街中に鳴り響きました。そしてそれからしばらくは、ラジオをはじめ、至るところで、こんな歌を聞き続けました。今でも歌えます。「鳴った、鳴った、サイレン、サイレン！　皇太子さま、お生れなさった！」。この赤ちゃんが、やがて天皇となり、幸せな結婚をし、位にあること三〇年、来年には退位ということになりました。昭和、そして平成の年代を私も間もなく生き切るであろうということになりました。

東京高等師範学校附属中学の第五六回の卒業生です。太平洋戦争の時代、この学校の中学生でした。権威を振りかざした現役の配属将校もおりましたが、若い、その将校を尊敬することはなく、むしろ密かに軽蔑し、できるだけ抵抗し、他方、穏やかなユーモアのある、中年の退役の配属将校もおり、「早ムク」というニックネームをつけ、この将校を敬愛するような戦時下では珍しい自由な校風でした。そのクラスメートも随分減り、今も開くクラス会に集まる者の数は一〇名を割るようになりました。東京神学大学のクラス会は、もう開かれません。牧師であったとき、そしてその後の働きでお会いした伝道者のうち、地上の生涯を終えられた方たちの数はとても多いのです。何よりも、牧師であったとき、洗礼を授けた人びと、ともに主の教会に仕えて励まし合った兄弟姉妹のいきいきとした顔を、もう見ることはなくなりました。神のみもとにある信徒名簿のなかの知人の数がどんどん増えているような思いです。

一言で言えば、過ぎ去った世代の生き残りのひとりである自分であることを深く意識するのです。語り合っている間、そのような生き残りとして思い出を語らされているという思いが消えませんでした。こうした生き残りの証言を残すこともまた意味があるかと思いました。語り合った方たちは、私のような者の証言を、尊重し、よく引き出してくださいました。今まで、これほどはっきり自分の言葉を公に語ったことはなかったのではないかとさえ思います。それだけ、くつろいだ思いに誘い入れてくださったと思い、感謝します。

それは言い換えると、ホンネでものを言っているということです。もともとタテマエでものを言ったことのない人間です。ホンネは飾りのないものの言い方になります。そのために必ずしもすぐには理解されず、誤解されることもあります。他人のこころを傷つけてしまうこともあります。この書物を読む方に、そんなことが起こらないように願います。

私の思いのなかにあるのは、日本の現実、日本の教会の現実を憂うる思いです。将来の祝福を祈るひたすらな思いです。自分の肉眼ではもはや見ることはない将来の国、教会の姿を思い浮かべながら、ひたすら祈る思いです。その意味では、遺言を語る思いでこころを傾けて、率直な思いを語りました。ひとりでも多くの読者のこころに届くようにと語りました。読む方も、できることなら忍耐と寛容なこころをもって、私どもの真意を汲み取ってくださるように祈るより他ありません。

九〇年近く生きて振り返り、もっと語りたかったのは、私を生かす神の恵みとなってくださった方たちとの出会いです。今までお会いした方たちの名簿を作り、それぞれの思い出、そこで知った面影を語り始めたら、それだけで大冊の書物になるような思いがします。特にこころに刻まれているのは、小さなわざと言われるようなわざにこころを注いで私を助けてくださった方たちです。教会堂の台所で料理をしてくださった方、土曜日に集まり、教会堂を清掃してくださった方、教会のいわゆる雑用と言われる仕事を誠実に果たすために教会堂に毎日のように通い続けてきた方たち、数え切れません。「雑用」という奇妙な表現があります。時々、自分は雑用ばかりだと不平を言うひとがおります。若い伝道師などでそんな嘆きを口にするひとがあります。しかし、私は「神の国に雑用はない！」といつも言いました。主イエスは、小さなわざをとても大切にしてくださいます。

こういう小さなわざは地上では時に無視され、光を当てられないままです。しかし、神の光を浴びて隠れた神の国の歴史に残る足跡を残すのです。しかし、ひとりの伝道者として二〇世紀、二一世紀にまたがって生かされ、あの太平洋戦争、敗戦、敗戦後の七〇年余の日本の国家と教会の歴史を生かされた私は、地上の足跡を残すことが許されました。思いがけない主の恵みの足跡の証人として召され、生かされていると感謝しております。その証人の言葉を、本書のような形でも残すことを許され、とても感謝しております。

既にお読みの方もあるでしょうが、私の生涯の歩みを辿った書物に次の二冊があります。いずれもキリスト新聞社から刊行されました。

『自伝的説教論』（二〇〇三年、改訂再版、二〇〇九年）

『自伝的伝道論』（二〇一七年）

なお鎌倉雪ノ下教会とともに歩んだ歩みを知るには、いずれも教文館刊行の次の二冊をお読みください。

『雪ノ下カテキズム』（一九九〇年、改訂新版、二〇一〇年）

『教会生活の手引き』（一九九四年）

前者はドイツ語訳も刊行され、再版されました。『日本カテキズム』という題で刊行されました。後者は、とても具体的に教会形成の道を知る実践神学の教科書のひとつのようなものです。

本書は教文館の米寿記念の企画です。念入りに作業し、一年以上を経ての刊行です。

教文館の渡部満社長がよく配慮してくださり、出版部の髙木誠一さんが誠実に仕事をしてくださいました。付録の年表は髙木さんの労作です。いつものことですが、今回は、お二人に特にお世話になりました。こころから謝意を表します。

いよいよ出る、我が子のような小さな書物が、また恵みの出会いを生みますように。読者の皆さんに、主キリストの平安、慰めがありますように祈ります。

二〇一八年七月　国分寺市戸倉の地で

加藤常昭

加藤常昭略年表

著訳編書は単行本として刊行されたもののみを収録した。

P＝新教出版社、N＝日本基督教団出版局（部）、K＝教文館、J＝ヨルダン社、X＝キリスト新聞社

年	年齢	加藤常昭・教会	説教・講話（*は説教全集収録）
1929 （昭和4）	0	4.15 旧満州国ハルピン生まれ（父栄吉，母すゞ）	
1930 （昭和5）	1		
1931 （昭和6）	2	一家で帰国（神戸へ）	
1932 （昭和7）	3	小石川へ転居（駕町バプテスト教会）	
1933 （昭和8）	4		
1934 （昭和9）	5		
1935 （昭和10）	6	旧淀橋区下落合へ転居（柘植派の集会，目白福音教会） 4. 淀橋区落合第四小学校入学	
1936 （昭和11）	7		
1937 （昭和12）	8	渋谷区富ヶ谷へ転居（代々木福音教会） 4. 富ヶ谷小学校へ転校	

加藤常昭編著書	加藤常昭訳書	日本のキリスト教	日本・世界
			4.16 日本共産党員大検挙（四・一六事件） 10. 世界恐慌
		3.28 内村鑑三没 4.11 東京神学社と明治学院神学部が合同し、日本神学校設立	
		4.1 高倉徳太郎『福音と現代』創刊 12.20『植村全集』全8巻刊行開始	9. 満州事変
		1.18 基督教中央図書館設立	3.1 満州国建国 5.15 五・一五事件
		1.30 日本聖書信仰連盟（理事長中田重治）設立 10.15 新渡戸稲造没 12. 教文館・聖書館ビル竣工	1. ヒトラーが首相に就任 3.27 日本が国際連盟を脱退
		4.3 高倉徳太郎没 9.25 石原謙『基督教史』刊	
		3.2 宮川経輝没	2.26 二・二六事件
		1.1 英国聖書協会および米国聖書協会を日本聖書協会と改称 2.1 基督教出版協会創立 5.22 海老名彈正没 12. 矢内原事件（東大教授辞任） 12.10 佐波亘編『植村正久と其の時代』刊行開始	5.31 文部省編『国体の本義』全国に配布 7.7 盧溝橋事件（日中戦争始まる） 10.20 大本営設置

年	年齢	加藤常昭・教会	説教・講話（*は説教全集収録）
1938 （昭和13）	9		
1939 （昭和14）	10		
1940 （昭和15）	11		
1941 （昭和16）	12		
1942 （昭和17）	13	4. 東京高等師範学校附属中学校入学 5.24 矢内原忠雄の説教を聞く バルト『我れ信ず』（桑田訳）を読む 12.20 受洗（日本基督教団代々木教会・熊谷政喜牧師）	
1943 （昭和18）	14		
1944 （昭和19）	15	秋. 熊谷牧師のイザヤ書説教開始	

加藤常昭編著書	加藤常昭訳書	日本のキリスト教	日本・世界
		1.8 柏木義円没 1.20 矢内原忠雄『嘉信』創刊 2.26 小崎弘道没	4.1 国家総動員法公布
		9.24 中田重治没	
		3.13 山室軍平没 6.24 井深梶之助没 10.17 皇紀二千六百年奉祝全国基督教信徒大会開催（青山学院）	4.1 宗教団体法施行 9.27 日独伊三国同盟 10.12 大政翼賛会発足
		6.24 日本基督教団創立総会開催（富士見町教会） 11.24 日本基督教団設立認可	12.8 日本軍，真珠湾を攻撃
		1.11 日本基督教団統理富田満が伊勢神宮参拝 6.26 日本基督教団第六部，第九部および東洋宣教会きよめ教会の96名が検挙 12.10 日本基督教団が礼拝前の国民儀礼の実施を各教会に通達	6.5-7 ミッドウェー海戦 8.7 米軍がガダルカナル島上陸
		5.18 日本基督教団内の神学校の整理統合（東部，西部，女子）	10.21 出陣学徒壮行会
		8.14 日本基督教団「決戦態勢宣言」を発表 9.23 日本基督教団,全国一斉必勝祈願の祈禱会開催を通達 10.20 日本基督教団「日本基督教団より大東亜共栄圏に在る基督教徒に送る書翰」約1万部を作成 12.20 矢内原忠雄の『嘉信』廃刊	7.20 ヒトラー暗殺未遂事件 12.7 東南海大地震

年	年齢	加藤常昭・教会	説教・講話（*は説教全集収録）
1945 （昭和20）	16		
1946 （昭和21）	17	7.16 旧制第一高等学校合格 秋．旧制第一高等学校入学	
1947 （昭和22）	18	2. 三日の祈り	
1948 （昭和23）	19		
1949 （昭和24）	20	声楽家・柳兼子に師事	
1950 （昭和25）	21	3. 旧制第一高等学校卒業 4. 東京大学文学部哲学科入学 夏．代々木教会を去る 秋．武蔵野教会で竹森満佐一の説教を聞く。その後吉祥寺教会へ	
1951 （昭和26）	22		

加藤常昭編著書	加藤常昭訳書	日本のキリスト教	日本・世界
		9.20 日本基督教団統理富田満が東久邇首相に招かれる 12. 南原繁が東京大学総長に就任	8.6 広島原爆投下 8.9 長崎原爆投下 8.14 ポツダム宣言受諾回答 8.15 天皇,「終戦」詔勅放送 12.28 宗教団体法廃止・宗教法人令公布施行
		6.2 日本宗教会を解体し，日本宗教連盟発足	1.1 天皇の人間宣言 11.3 日本国憲法公布
			5.3 日本国憲法施行
		5.4 日本基督教協議会結成	12. 国連総会で世界人権宣言採択
		1.21 赤岩栄が共産党入党の決意表明 3.25 東京神学大学設立 6.10 日本基督教協議会視聴覚事業部（AVACO）設立 10.16 キリスト教史学会設立	
		4. 日本聖書学研究所設立 11.10 日本基督教団「キリスト教平和宣言」	6.25 朝鮮戦争勃発
		2.21キリスト者平和の会設立 5.23 日本基督教会設立 12.14 矢内原忠雄が東京大学総長に選出	9.8 サンフランシスコ平和条約

年	年齢	加藤常昭・教会	説教・講話（*は説教全集収録）
1952 （昭和27）	23		
1953 （昭和28）	24	3. 東京大学文学部哲学科卒業（卒業論文「カントの宗教論」） 4. 東京神学大学大学院入学	
1954 （昭和29）	25		
1955 （昭和30）	26		
1956 （昭和31）	27	3. 東京神学大学大学院修了（卒業論文「シュライエルマッハーの宗教論」） 4.3 原さゆりと結婚 4. 日本基督教団若草教会牧師就任	
1957 （昭和32）	28		
1958 （昭和33）	29		
1959 （昭和34）	30		
1960 （昭和35）	31		

加藤常昭編著書	加藤常昭訳書	日本のキリスト教	日本・世界
		10.24 日本基督教学会設立	
		10.1 E. ブルンナーが国際基督教大学客員教授として来日 11.23 第1回キリスト者平和会議開催	2. NHK がテレビ放送開始 7.27 朝鮮戦争休戦
		10.26 日本基督教団信仰告白および生活綱領を可決 12.1 日本基督教団讃美歌委員会『讃美歌』刊行	高度経済成長期へ 7.1 自衛隊発足
		4.15 日本聖書協会150年および口語訳旧新約聖書完成感謝式典 11.17 日本基督教団宣教研究所発足	
			12.18 日本，国連に加盟
		6.1『興文』創刊	
		11.30 日本福音連盟聖歌委員会編『聖歌』献呈礼拝	12.23 東京タワー竣工
		5.12 大坂クリスチャン・クルセード開催 9.4 東京クリスチャン・クルセード開催	9.26 伊勢湾台風
	4. E. トゥルナイゼン『この世に生きるキリスト者』(P)	1.15 安保改定に抗議するキリスト者の集会開催（国鉄労働会館） 4.23 賀川豊彦没 5.3 新安保批准に反対するキリスト者の集会（芝公会堂） 8.30『カトリック大事典』（全5巻）完結 9.24 H. クレーマー来日	1.19 日米新安保条約調印

年	年齢	加藤常昭・教会	説教・講話（*は説教全集収録）
1961 （昭和36）	32	4. 日本基督教団牛込払方町教会牧師就任 東京神学大学で桑田先生の助手 『キリスト教大事典』の編集実務を担当	
1962 （昭和37）	33		
1963 （昭和38）	34	東京神学大学常勤講師就任（実践神学）	
1964 （昭和39）	35		
1965 （昭和40）	36	7月よりドイツ留学（ヴッパータール神学大学），バルメン・ゲマルケ教会で教会生活，ボーレン教授のボランティア助手となる	
1966 （昭和41）	37	冬学期，ベルリン神学大学へ移る	
1967 （昭和42）	38	夏学期，ハイデルベルク大学 ドイツから帰国	

加藤常昭編著書	加藤常昭訳書	日本のキリスト教	日本・世界
11.『聖書の読み方』(N)	3. E. トゥルナイゼン『牧会学――慰めの対話』(N)	6.13 全キリスト者平和会議がプラハで開催。 7.25 世界宗教者平和会議が京都で開催 12.25 矢内原忠雄没	
	7. F. D. E. シュライエルマッハー『神学通論』(K) 11. Chr. ブルームハルト『夕べの祈り』(N) 12. K. バルト『福音主義神学入門』(P)	10.11 第二ヴァティカン公会議開幕	
6.(編集実務)『キリスト教大事典』(K) 12.『入信への道』(N)		1.18 教会一致のための祈禱週間実行される 9.29 第二バチカン公会議に日本基督教団の土肥真俊がオブザーバーとしての出席	
7.『説教――牧師と信徒のために』(N) 12.『主の道を生きて――第一コリント書講解説教』(P)		3.15『信徒の友』創刊 4.29 日本キリスト者平和の会結成	10.1 東海道新幹線開通 10.10 東京オリンピック開催
8.(共著)『キリスト教名著案内』上・下(N)		2.11 紀元節復活反対キリスト者集会	4.24 ベ平連，初のデモ 6.22 日韓基本条約調印
		12.9「建国記念の日」(2月11日)が制定。日本基督教団が反対声明	
10.(執筆)佐藤敏夫・大木英夫編『キリスト教倫理辞典』(N)		1.18 カトリック・プロテスタントの最初の合同祈禱会開催 3.26「第二次大戦下における日本基督教団の責任についての告白」を日本基督教団議長名で発表 5.22 キリスト教文書センター設立 11.19 日本基督教団の『讃美歌第二編』刊	

年	年齢	加藤常昭・教会	説教・講話（*は説教全集収録）
1968 （昭和43）	39		
1969 （昭和44）	40	9.1 日本基督教団鎌倉雪ノ下教会牧師就任 10.5 教理の会（のちの求道者会）新設 10.26 教会報「雪ノ下通信」第1号発行	9.14 コリント人への第二の手紙講解説教開始
1970 （昭和45）	41		6.21 キリスト教基本的諸問題についての説教開始 *（→『主イエスの背を見つめて』）
1971 （昭和46）	42	4.24 土曜日の読書会開始（カール・バルト『ローマ書』） 9.5 パンフレット「礼拝の手引き」刊行	1.3 教会暦に基づく説教開始 6.27 エレミヤ書講解説教開始 8.1 詩篇講解説教開始 11.7 ルカによる福音書講解説教開始

加藤常昭編著書	加藤常昭訳書	日本のキリスト教	日本・世界
		4.29 日本福音同盟結成	4.4 キング牧師暗殺 6.15 学生らが東大安田講堂占拠 10.17 川端康成，ノーベル賞受賞
		2.25 沖縄キリスト教団，日本基督教団と合同 3.10 キリスト者による戦没者遺族の会結成。靖国神社法案に反対表明 4.29 第1回日本キリスト者平和の会全国大会開催 6. キリスト者遺族の会結成 7.14 鈴木正久没 〈この年〉大学紛争によるキリスト教主義大学の校舎封鎖拡大，また万国博覧会へのキリスト教館参加反対および靖国神社法案反対運動高まる	
9.（共著）『教義学講座1　教義学要綱』（N）	11. E. トゥルナイゼン『牧会学II――世俗化時代の人間との対話』（N） 12. H. ティーリケ『現代に信仰は可能か』（J）	3.5 万国博覧会のキリスト教館竣工式 3.11 東京神学大学，学生による封鎖解除のため機動隊導入 4. 日本福音主義神学会設立	3.15-8.31　日本万国博覧会開催（吹田） 11.25 三島由紀夫，割腹
2.『ほんとうの自由』（N） 4.『説教の聞き方』（N） 7.『教会とは何か』（東京神学大学出版会） 11.（共著）『ハイデルベルク信仰問答講解説教』（P） 11.『主イエスの背を見つめて――キリスト教の神髄』（J）	6.（共訳）J. ファングマイヤー『神学者カール・バルト』（N） 10. M. ヨズッティス『現代説教批判』（N）	2.25 キリスト新聞社編『新聖書大辞典』刊 10.11〈いのちの電話〉東京に開設	6.17 ワシントンで沖縄返還協定調印

年	年齢	加藤常昭・教会	説教・講話（*は説教全集収録）
1972 （昭和47）	43	10.1 讃美歌第二編使用開始 10.29 鎌倉雪ノ下教会伝道開始55年記念礼拝	
1973 （昭和48）	44	4.10 研究滞在のためベルリンへ（10.10 帰国）	11.3 ガラテヤ人への手紙講解説教開始 *
1974 （昭和49）	45		5.5 テサロニケ人への第一の手紙講解説教開始 *（→『すこやかな歩みを』） 9.22 ヨハネによる福音書講解説教開始
1975 （昭和50）	46	第1回神奈川教会連合長老研修会	
1976 （昭和51）	47	6.23 東欧諸国教会訪問（8.11帰国）	98.15 ペテロの第一の手紙講解説教開始 *
1977 （昭和52）	48	5.7 FEBC「聖書をあなたに」放送開始 10.30 鎌倉雪ノ下教会伝道開始60年記念礼拝	4.17 マタイによる福音書講解説教開始 *

加藤常昭編著書	加藤常昭訳書	日本のキリスト教	日本・世界
2.（編集委員長）『渡辺善太――その人と神学』(X) 3.『日本の説教者たち――日本キリスト教説教史研究1』(P) 10.（編）『日本人のための福音1　植村正久説教集』(P) 12.（共編）『愛と自由のことば』(N) 12.（執筆）東京神学大学神学会編『キリスト教組織神学事典』(K)	（共訳）Kazo Kitamori, Theologie des Schmerzes Gottes (Vandenhoeck & Ruprecht)（北森嘉蔵『神の痛みの神学』の独訳）	3.10 日本基督公会設立100年記念会開催（柏木教会） 7.6 日本聖書協会と日本カトリック中央協議会が聖書の共同訳作成を発表 11.21 青山学院，文学部神学科の学生募集停止を決定	2.3　第11回冬季オリンピック開催（札幌） 5.15 沖縄返還 9.29 日中共同声明発表
2.（編）『日本人のための福音2　海老名彈正説教集』(P) 7.（共著）『現代のアレオパゴス――森有正とキリスト教』(N) 9.『福音主義教会形成の課題』(P)		3.28 椎名麟三没 11.20 日本基督教団第17回総会，4年ぶりに開催	8.8 韓国の金大中，白昼東京のホテルから拉致される 10. 第一次オイルショック
5.（共著）『死と葬儀』(N) 5.（共著）「パウル・シュナイダー」『キリストの証人たち　抵抗に生きる1』(N)		5.19 南原繁没 12. 日本基督教団第18回総会で東神大非難決議	10.8 佐藤栄作，ノーベル平和賞受賞決定
11.（共著）『教会音楽ガイド』(N) 11.『せいしょかみにんぎょう　じぶんでつくるページェント　みんなでいこうベツレヘム』(N)	8. H. ティーリケ編，C. H. スポルジョン『説教学入門』(J)	1.16 阪田寛夫『土の器』で芥川賞受賞決定 4.1『興文』，『本のひろば』に改題 9.15 日本聖書協会100年記念集会	
8.『すこやかな歩みを――第一テサロニケ書講解説教』(J)		7.4 石原謙没 10.18 森有正没	2. ロッキード事件
2.（執筆）岸本羊一・北村宗次編『キリスト教礼拝辞典』(N)	12. R. ボーレン『説教学Ⅰ』(N)	3.30 青山学院，神学科の廃止を決定 4.28-29 日本基督教団福音主義教会連合結成	7.23 文部省小中学校の新学習指導要領で〈君が代〉を国歌と規定

年	年齢	加藤常昭・教会	説教・講話（*は説教全集収録）
1978 （昭和53）	49	4.23 会堂資金会計設定，自由献金開始	
1979 （昭和54）	50	1.28 R. ボーレン教授来日	
1980 （昭和55）	51	1.6 会堂資金研究委員会設置 2.17 東ドイツ教会訪問（3.21 帰国） 5.11 新会堂献堂決議案決定，新会堂建設協議会組織を決議	9.7 使徒信条講解説教開始 *
1981 （昭和56）	52	7.19 新会堂献金計画案審議可決	7.5 ルカによる福音書講解説教開始 *
1982 （昭和57）	53		
1983 （昭和58）	54	7.31 鎌倉商工会議所・雪ノ下カトリック教会における礼拝開始	
1984 （昭和59）	55	11.18 鎌倉雪ノ下教会新会堂献堂礼拝・感謝会	11.18 ローマ人への手紙講解説教開始 *
1985 （昭和60）	56	1.20 松尾造酒蔵牧師没 4.29 日本基督教団改革長老教会協議会発足 11. 三週間入院	6.6 十戒講話開始（祈禱会）*
1986 （昭和61）	57	4.6 礼拝において十戒を唱え始める 9.30 東京神学大学教授辞任 9.30 ハイデルベルク大学客員教授としてドイツ出発 ソキエタス・ホミレティカ設立（ハイデルベルク大学創立600年）	

加藤常昭編著書	加藤常昭訳書	日本のキリスト教	日本・世界
11.（共著）『われらの祈り』(N)	4. P. ティリッヒ『説教集』ティリッヒ著作集別巻1（白水社） 12. R. ボーレン『説教学Ⅱ』(N)	9.15 プロテスタント・カトリック『共同訳新約聖書』完成 10.9 日本キリスト教協議会，元号法制化に反対を表明	5.20 新東京国際空港（成田空港）開港 8.12 日中平和友好条約 第二次オイルショック
6.『礼拝・諸集会』教会生活の手引き3 (N)	2. R. ボーレン『祝福を告げる言葉』(N)		6.12 元号法公布施行
4.『山上の説教』上 (J) 8.『山上の説教』下 (J) 12.（共著）『ガラテヤ書講解説教』(P)	11.（共訳）R. ボーレン『聖霊論的思考と実践』(N)		9.22 イラン・イラク戦争開戦
		8.20 熊野義孝没	
		7.4 斎藤勇没	
		7.1 お茶の水学生キリスト教会館献堂式	4.15 東京ディズニーランド開園
	6. S. サウィジル『星と船と王さまたち』(N)		10.16 南アフリカのツツ主教にノーベル平和賞 10.31 ガンジー首相暗殺
2.（共著）『教会建築』(N) 6.『神の民の家・祈りの家をここに建て』（日本基督教団鎌倉雪ノ下教会）			5.8 ヴァイツゼッカー西独大統領が、敗戦40周年で反省演説 8.15 中曽根首相、内閣総理大臣として靖国神社に公式参拝
1.（共著）『熊野義孝の神学 記念論文集』(P) 2.『祈禱集　教会に生きる祈り』(K) 2.（編集委員長）『キリスト教人名辞典』(N)	4. E. エッカー『丘の向こうに何がある』(N)		4. 男女雇用機会均等法施行 12. バブル景気 (-91.2)

年	年齢	加藤常昭・教会	説教・講話（*は説教全集収録）
1987 （昭和62）	58	2.28 帰国 8.31-9.2 説教塾開塾セミナー（八王子） 11.1 鎌倉雪ノ下教会伝道開始70年記念礼拝	
1988 （昭和63）	59	4.3『新共同訳聖書』を使用開始 5.22 鎌倉雪ノ下教会伝道開始70年記念誌『神の力に生かされて』発行	4.3 マルコによる福音書講解説教開始 *
1989 （昭和64／平成元）	60	3.31 東京神学大学非常勤講師辞任 11.5 在任20年感謝会 12. 新会堂献堂に関する借入金（教会債）の返済をすべて完了	4.6 ニケア信条講話開始（教会祈禱会，教理と祈りの会）*
1990 （平成2）	61	4.1 礼拝順序変更（詩編交読，教会の祈り，祝福）	4.5 雪ノ下カテキズム講話開始（祈禱会，教理と祈りの会）* 9.30 ヘブライ人への手紙講解説教開始 *

加藤常昭編著書	加藤常昭訳書	日本のキリスト教	日本・世界
1.『祈りへの道』(K) 11.『主イエスの歩み，わたしたちの歩み』(J) 11.（共著）『説教の課題と現実　説教者のための聖書講解』(K)		9.5『聖書　新共同訳』刊行（日本聖書協会）	
2.（執筆）日本キリスト教歴史大事典編集委員会編『日本キリスト教歴史大事典』(K) 4.（共著）『信仰告白を規範とする教会形成』（日本基督教団改革長老教会協議会）	2. K. バルト／E. トゥルナイゼン『神の言葉の神学の説教学』(N) 11. R. v. ヴァイツゼッカー『想起と和解――共に生きるために』(K)		6.18 リクルート事件 11.15 パレスチナ独立宣言
2.『聖書を読む3　ルカによる福音書』（筑摩書房） 6.（共著）『合同教会としての日本基督教団』(P) 11.『使徒信条』ヨルダン社版加藤常昭説教全集（以下，J説教全集）1 (J)			1.7 昭和天皇没 1.20 ジョージ・H. W. ブッシュが米大統領に就任 4.1 消費税法施工（3%） 6.4 天安門事件 10.2 英国教会とバチカン和解
1.『ローマ人への手紙1』J説教全集2 (J) 3.『ローマ人への手紙2』J説教全集3 (J) 5.『マタイによる福音書1』J説教全集6 (J) 7.『マタイによる福音書2』J説教全集7 (J) 9.『ローマ人への手紙3』J説教全集4 (J) 10.『雪ノ下カテキズム――鎌倉雪ノ下教会教理・信仰問答』(K) 11.『ローマ人への手紙4』J説教全集5 (J) 12.（共著）『講解説教　イエス伝――マルコ福音書によって』(P)		1.18 天皇に対する戦争責任発言に関し本島等長崎市長（カトリック信徒）が銃撃され重傷 4.12「大嘗祭」に反対するキリスト教4大学学長声明 4.22 大嘗祭に反対表明を出したフェリス女学院大学弓削達学長宅に銃弾 9.7 左近淑没 11.9 竹森満佐一没	4.6 小・中・高の入学式で国旗、国歌を義務化 10.3 東西ドイツ統一 11.22 天皇即位の大嘗祭

年	年齢	加藤常昭・教会	説教・講話（*は説教全集収録）
1991（平成3）	62		
1992（平成4）	63	6.28 神奈川教会連合長老会設立 11.1 鎌倉雪ノ下教会伝道開始75年記念礼拝 11.3 神奈川教会連合が全国連合長老会に加盟 12.20 鎌倉雪ノ下教会伝道開始75年記念誌『続・神の力に生かされて』刊行	2.2 ヨハネによる福音書講解説教開始 *
1993（平成5）	64	2.14 オルガン奉献感謝礼拝 5.30『雪ノ下讃美歌』刊行	
1994（平成6）	65	3.25 東野尚志牧師・ひかり伝道師就任式	6.2 ルターの小教理問答講話開始（教会祈禱会）*

加藤常昭編著書	加藤常昭訳書	日本のキリスト教	日本・世界
2.（執筆）『世界宗教大事典』（平凡社） 2.『マタイによる福音書3』J説教全集8（J） 3.『マタイによる福音書4』J説教全集9（J） 5.『ペテロの第一の手紙』J説教全集18（J） 6.（共著）『ルカ福音書説教集2』（聖恵授産所出版部）			1.17 湾岸戦争開戦 3. バブル崩壊 6.17 南アフリカで人種差別法（アパルトヘイト）撤廃 12.25 ソ連消滅宣言、ロシア連邦共和国大統領にエリツィン就任
6.『ヴァイツゼッカー』（清水書院） 6.『十戒講話・ガラテヤ人への手紙』J説教全集17（J） 8.『ハイデルベルク信仰問答講話』上・下（K） 12.『マルコによる福音書1』J説教全集10（J）			
5.『説教論』（N） 7.『マルコによる福音書2』J説教全集11（J） 12.『マルコによる福音書3』J説教全集12（J）		8.6 土井たか子が女性初の衆議院議長	2.26 世界貿易センタービル爆破テロ
1.（共著）『現代葬儀事情』（AVACO） 1.（共著）『天国への旅人――葬儀説教集』（聖恵授産所出版部） 3.（執筆）『世界日本キリスト教文学事典』（K） 6.『ヘブライ人への手紙1』J説教全集19（J） 10.『ヘブライ人への手紙2』J説教全集20（J） 10.『鎌倉雪ノ下教会　教会生活の手引き』（K） 11.（共著）『追憶　熊野義孝先生』（P）		1.13-16 ビリー・グラハム東京国際大会、東京ドームで開催 11.26 カトリックの白柳誠一大司教、枢機卿に就任	6.27 松本サリン事件 10.13 大江健三郎ノーベル賞受賞

年	年齢	加藤常昭・教会	説教・講話（*は説教全集収録）
1995 （平成7）	66		8.13 ヨハネの手紙一講解説教開始 * 11.2 バルメン宣言講話開始（教会祈禱会）*
1996 （平成8）	67	4.7 執事会発足 11.21 R. ボーレン教授来日（-12.12） 11.25 加藤常昭説教全集完結・伝道40年記念セミナー（キリスト品川教会）	4.21 ヨハネの黙示録講解説教開始 * 5.2「わたしたちの信仰告白」講話開始（教会祈禱会）*
1997 （平成9）	68	第3回ソキエタス・ホミレティカ（国際説教学会）開催（京都） 3.30 日本基督教団鎌倉雪ノ下教会辞任	
1998 （平成10）	69		
1999 （平成11）	70		

加藤常昭編著書	加藤常昭訳書	日本のキリスト教	日本・世界
4.（共著）『教会の信条と制度』（日本基督教団改革長老教会協議会） 5.『ルカによる福音書1』J説教全集13（J） 7.『説教者カール・バルト――バルトと私』（N） 9.『ルカによる福音書2』J説教全集14（J）	9.（監修）『おとなと子どものための聖書物語』（フレーベル館） 11. R. ランダウ編『光の降誕祭――20世紀クリスマス名説教集』（K） 11. R. v. ヴァイツゼッカー『良心は立ち上がる――ヴァイツゼッカー講演集』（N）	6.27 武藤一雄没	1.17 阪神淡路大震災 3.20 地下鉄サリン事件 12.8 宗教法人法改正成立
3.『ルカによる福音書3』J説教全集15（J） 9.『ルカによる福音書4』J説教全集16（J）	1. R. v. ヴァイツゼッカー『ヴァイツゼッカーのことば』（N）	7.9 大塚久雄没	
9.『ヨハネによる福音書講解説教1』（J） 11.『ヨハネによる福音書講解説教2』（J）		2.20 日本基督教団讃美歌委員会編『讃美歌21』刊	2.25 金大中が韓国大統領に就任 9.5 マザー・テレサ没
1.『講解説教　ヨハネの黙示録』上・下（K） 5.『ヨハネによる福音書講解説教3』（J）	2. R. ボーレン『憧れと福音』（K） 4. R. ボーレン『天水桶の深みにて――こころ病む者と共に生きて』（N）	9.29 北森嘉蔵没	
1.（編）Preaching as God's Mission. Studia Homiletica 2（K） 1.『ヨハネによる福音書講解説教4』（J） 2.（執筆）『吉祥寺教会の歩み』（日本基督教団吉祥寺教会） 3.『ヨハネによる福音書講解説教5』（J） 4.（共著）『説教と言葉――新しい時代の教会説教』（K） 4.（編）『思い起こせ，キリストの真実を』上・下（K） 10.『主イエスの生涯』（上）加藤常昭信仰講話（以下，信仰講話）1（K） 12『主イエスの生涯』（下）信仰講話2（K）	2.（責任監訳）W. H. ウィリモン／R. リシャー編『世界説教・説教学事典』（N）	10.12 三浦綾子没	8.13 国旗国歌法公布・施行

年	年齢	加藤常昭・教会	説教・講話（*は説教全集収録）
2000 （平成12）	71	3. 渡独，R. ボーレン教授80歳記念シンポジウム主題講演「慰めとしての共同体」 9. C. メラー教授来日	
2001 （平成13）	72		
2002 （平成14）	73		

加藤常昭編著書	加藤常昭訳書	日本のキリスト教	日本・世界
3.『使徒信条・十戒・主の祈り』(上) 信仰講話6 (K) 5.『使徒信条・十戒・主の祈り』(下) 信仰講話7 (K) 7.『主イエスに出会った人びと』 信仰講話4 (K) 7. (共著)『キリストに捕らえられて——現代に呼びかけるカール・バルトの神学』(K) 10.『教会』 信仰講話5 (K) 11.『愛の手紙・説教——今改めて説教を問う』(K) 12.『み言葉の放つ光に生かされ——一日一章』(N)	2. C. メラー『魂への配慮の歴史1 聖書の牧会者たち』(N) 3. C. メラー『慰めの共同体・教会——説教・牧会・教会形成』(K) 6. C. メラー『魂への配慮の歴史2 古代教会の牧会者たちⅠ——東方教会』(N) 9. C. メラー『魂への配慮の歴史2 古代教会の牧会者たちⅡ——西方教会』(N)	11.2-19 東京大聖書展 (東京オペラシティ)	5.7 ロシア大統領にプーチン就任
5.『子どものための説教入門』(聖恵授産所) 7. (編)『帰郷——島崎光正遺稿詩集』(K) 10.『みんなでいこうベツレヘム』(金斗鉉絵) (N)	3. A. カミンスキー『ベルリンの壁に打ち勝って』(K) 6. C. メラー『魂への配慮の歴史4 中世の牧会者たち』(N) 9. C. メラー『魂への配慮の歴史5 宗教改革期の牧会者たちⅠ』(N) 10. C. メラー『魂への配慮の歴史6 宗教改革期の牧会者たちⅡ』(N) 10. R. ボーレン『預言者・牧会者エードゥアルト・トゥルンアイゼン』(上) (K) 12. E. ユンゲル『第一説教集』エーバハルト・ユンゲル説教集1 (K)	6.20 日本福音連盟新聖歌編集委員会編『新聖歌』(教文館) 刊行	1.20 米大統領にジョージ・W. ブッシュ就任 9.11 アメリカ同時多発テロ 10.7 米英軍がアフガニスタンのタリバン攻撃開始
1. (共著)『講座 現代キリスト教カウンセリング1』(K) 2.『主イエスの譬え話』 信仰講話3 (K) 12.『祈り』(N)	6. C. メラー『魂への配慮の歴史7 正統派, 敬虔派, 啓蒙派の時代の牧会者たちⅠ』(N) 10. C. メラー『魂への配慮の歴史8 正統派, 敬虔派, 啓蒙派の時代の牧会者たちⅡ』(N) 10. R. ボーレン『日本の友へ——待ちつつ速めつつ』(K)		1.1 欧州統一貨幣ユーロ流通開始 5.31-6.30 日韓ワールドカップ開催

年	年齢	加藤常昭・教会	説教・講話（*は説教全集収録）
2003 （平成15）	74		1.18 ヨハネの手紙一講解説教開始（代田教会）*
2004 （平成16）	75		

加藤常昭編著書	加藤常昭訳書	日本のキリスト教	日本・世界
2.（解説）『日本の説教2　植村正久』(N) 5.（解説）『日本の説教4　中田重治』(N) 7.（共著）『神に呼ばれて――召命から献身へ』(N) 10.（共著）『福音主義神学における牧会』（いのちのことば社） 11.（解説）『日本の説教9　渡辺善太』(N) 12.『自伝的説教論』(X) 12.『これからの日本の教会の伝道』(N)	2. R. ボーレン『預言者・牧会者エードゥアルト・トゥルンアイゼン』（下）(K) 3. C. メラー『魂への配慮の歴史9　19世紀の牧会者たちⅠ』(N) 6. C. メラー『魂への配慮の歴史10　19世紀の牧会者たちⅡ』(N)	6.10 井上良雄没 9.28 浜尾文郎大司教が枢機卿に就任	3.20 米軍がイラク攻撃開始
1.『マルコによる福音書1』教文館版加藤常昭説教全集（以下 K 説教全集）5 (K) 2.『マルコによる福音書2』K 説教全集6 (K) 2.（共著）『私にとって「復活」とは』(N) 3.『マルコによる福音書3』K 説教全集7 (K) 4.『マタイによる福音書1』K 説教全集1 (X) 5.『マタイによる福音書2』K 説教全集2 (K) 6.『マタイによる福音書3』K 説教全集3 (K) 7.『マタイによる福音書4』K 説教全集4 (K) 8.『ルカによる福音書1』K 説教全集8 (K) 9.『ルカによる福音書2』K 説教全集9 (K) 9.『説教者を問う』（説教塾ブックレット1）(X) 10.『ルカによる福音書3』K 説教全集10 (K) 11.『ルカによる福音書4』K 説教全集11 (K) 12.『ヨハネによる福音書1』K 説教全集12 (K)	3. C. メラー『魂への配慮の歴史11　第1次世界大戦後の牧会者たち』(N) 7. C. メラー『魂への配慮の歴史12　第2次世界大戦後の牧会者たち』(N) 8. J. ラウ『大統領が語るキリスト者人間像』(K)		4. イラク日本人人質事件 10.23 新潟県中越地震

年	年齢	加藤常昭・教会	説教・講話（*は説教全集収録）
2005 （平成17）	76	2-3. ドイツ・スイス滞在。ボーレン教授85歳誕生記念会	
2006 （平成18）	77	11. 伝道50年記念シンポジウム（代々木） C. メラー, F. G. イミンク, C. キャンベル来日	

加藤常昭編著書	加藤常昭訳書	日本のキリスト教	日本・世界
1.（共著）『日本の教会と「魂への配慮」』(N) 1.『ヨハネによる福音書2』K 説教全集13 (K) 2.『ヨハネによる福音書3』K 説教全集14 (K) 3.『ヨハネによる福音書4』K 説教全集15 (K) 4.『ヨハネによる福音書5』K 説教全集16 (K) 5.『ローマ人への手紙1』K 説教全集17 (K) 6.『ローマ人への手紙2』K 説教全集18 (K) 7.『ローマ人への手紙3』K 説教全集19 (K) 8.『ローマ人への手紙4』K 説教全集20 (K) 8.（共著）『新約聖書のこころ――福音書が物語るイエスの生涯』(X) 9.『ガラテヤ人への手紙・テサロニケ人への第一の手紙』K 説教全集21 (K) 10.『ヘブライ人への手紙1』K 説教全集22 (K) 11.『ヘブライ人への手紙2』K 説教全集23 (K) 12.『ペテロの第一の手紙・ヨハネの手紙一』K 説教全集24 (K)			
1.『ヨハネの黙示録』K 説教全集25 (K) 2.『主イエスの背を見つめて』K 説教全集26 (K) 2.『黙想と祈りの手引き』(X) 2.（執筆）『キリスト教礼拝・礼拝学事典』(N) 3.『黙想　十字架上の七つの言葉』(K) 4.『使徒信条』K 説教全集27 (K) 5.『十戒・ルターの小教理問答』K 説教全集28 (K)	11. C. メラー『慰めのほとりの教会』(K) 11. C. メラー『説教の喜び』（説教塾ブックレット5）(X)		9.26 第一次安倍晋三内閣発足

年	年齢	加藤常昭・教会	説教・講話（*は説教全集収録）
2006（平成18）	77		
2007（平成19）	78	11.24-26 説教塾創立20周年記念シンポジウム（神戸）	
2008（平成20）	79		
2009（平成21）	80	7.9 講演「神の言葉に生かされるキリストのからだ・教会」日本プロテスタント宣教150周年	
2010（平成22）	81	1. 加藤常昭80歳記念シンポジウム（長崎）	

加藤常昭編著書	加藤常昭訳書	日本のキリスト教	日本・世界
6.『ニケア信条・バルメン宣言・わたしたちの信仰告白』K 説教全集29（K） 8.『雪ノ下カテキズム講話』K 説教全集30（K）			
4.（解説）『日本の説教Ⅱ-3 村田四郎』（N） 9.（共著）『本を読もう――言葉が伝える豊かな心』（キリスト教文書センター） 10.『礼拝を問い，説教を問う』（説教塾ブックレット6）（X） 12.（監修）『島崎光正全詩集』（N）			
8.（編）『立ち上がり，歩きなさい――イエス・キリストの名による説教』（K） 9.『文学としての説教』（N） 9.（共著）『まことの聖餐を求めて』（K） 12.『説教批判・説教分析』（K） 12.『み前にそそぐ祈り』（X）	4.（編訳）『説教黙想集成1 序論・旧約聖書』（K） 8.（編訳）『説教黙想集成2 福音書』（K） 11.（編訳）『説教黙想集成3 書簡』（K）		9.15 リーマン・ショック
4.『救いはここに――説教によるキリストへの手引き』（X）	7.（共訳）F. シュライアマハー『神学通論（1811年 /1830年）』（K） 12. H. J. イーヴァント『説教学講義』イーヴァント著作選1（P）	7.8-9 日本プロテスタント宣教150周年記念大会（パシフィコ横浜）	9.16 鳩山由紀夫内閣発足
4.（共著）「神の言葉に生かされるキリストのからだ・教会」『キリストにあってひとつ』（日本聖書協会） 4.『改訂新版　雪ノ下カテキズム――鎌倉雪ノ下教会教理・信仰問答』（K） 6.『改訂新版　雪ノ下カテキズム――鎌倉雪ノ下教会教理・信仰問答　聖句付き』（K） 12.『ヨハネの黙示録』（グループスタディ 12章）（N） 12.『老いを生きる――教会の課題，キリスト者の課題』（キリスト教カウンセリング講座ブックレット17）（X）	4.（監訳）R. リシャー編『説教をめぐる知恵の言葉　古代から現代まで』（上）（X） 12. A. カミンスキー『開かれた扉――分断されたベルリンから統一ドイツへ』（K）		

年	年齢	加藤常昭・教会	説教・講話（*は説教全集収録）
2011 （平成23）	82		
2012 （平成24）	83		
2013 （平成25）	84	9.30 ハイデルベルク信仰問答450周年記念講演会（第二講演「説教のバックボーン・ハイデルベルク信仰問答」）（キリスト品川教会）	
2014 （平成26）	85	8.23 妻さゆり逝去	
2015 （平成27）	86		
2016 （平成28）	87		

加藤常昭編著書	加藤常昭訳書	日本のキリスト教	日本・世界
3.（共著）『これからの日本の説教――説教者加藤常昭をめぐって』（説教塾ブックレット9）（X） 10.『出来事の言葉・説教』（K） 12.（監修）「CDで聴く日本の説教　竹森満佐一」（N）	4.（監訳）R. リシャー編『説教をめぐる知恵の言葉　古代から現代まで』（下）（X）		3.11 東日本大震災
2.『慰めのコイノーニア――牧師と信徒が共に学ぶ牧会学』（N） 12.（監修）「CDで聴く日本の説教　渡辺善太」（N）	9. F. G. イミンク『信仰論――実践神学再構築試論』（K）		12.26 第二次安倍晋三内閣発足
7.『キリストの教会はこのように葬り，このように語る』（N） 10.『信仰への道――使徒信条・十戒・主の祈り』（K） 11.（共著）「礼拝論のパークペクティヴにおける聖書翻訳」『聖書セミナー』No.17（日本聖書協会）	11.（編訳）『ドイツ告白教会の説教』（シリーズ・世界の説教）（K）		12.26 安倍首相が靖国神社を参拝
3.（共著）『イエス・キリストを説教するとは――こころからこころへの言葉を求めて』（X） 4.（編）『主が，新しい歌を――加藤さゆり説教集』（K） 12.（編）『わが身ののぞみはただ主にかかれり――加藤さゆり・葬送の記』（私家版）	10.（訳・解説）「バルメン宣言」『改革教会信仰告白集――基本信条から現代日本の信仰告白まで』（K）		6.29「イスラム国」樹立 12.24 第三次安倍晋三内閣発足
	2.（監修）ピラリン・バイエス『絵でよむ聖書』（原書房） 12. R. ボーレン『神が美しくなられるために――神学的美学としての実践神学』（K）		8.14 安倍談話（戦後70年談話） 11.13 パリ同時多発テロ事件
3.（共著）『聖書を伝える極意――説教はこうして語られる』（X） 4.『説教への道――牧師と信徒のための説教学』（N） 11.『竹森満佐一の説教――信仰をぶつける言葉』（K）			

年	年齢	加藤常昭・教会	説教・講話（*は説教全集収録）
2017 （平成29）	88	11.20-23 説教塾創立30周年記念シンポジウム「日本の伝道を切り拓く説教」（代々木）	
2018 （平成30）	89		

加藤常昭編著書	加藤常昭訳書	日本のキリスト教	日本・世界
2.（編集）『わが神、わが神——受難と復活の説教』（日本の説教者たちの言葉）(N)			

《著者紹介》

加藤常昭（かとう・つねあき）
1929年生まれ。現在、神学者・説教塾主宰。

井ノ川勝（いのかわ・まさる）
1956年生まれ。現在、日本基督教団金沢教会牧師。

平野克己（ひらの・かつき）
1962年生まれ。現在、日本基督教団代田教会牧師、雑誌『Ministry』編集主幹。

朝岡　勝（あさおか・まさる）
1968年生まれ。現在、日本同盟基督教団徳丸町キリスト教会牧師。

森島　豊（もりしま・ゆたか）
1976年生まれ。現在、青山学院大学総合文化政策学部准教授・大学宗教主任。

聞き書き 加藤常昭――説教・伝道・戦後をめぐって

2018年7月30日　初版発行

編　者　平野克己
発行者　渡部　満
発行所　株式会社　教文館
〒104-0061 東京都中央区銀座4-5-1 電話 03(3561)5549 FAX 03(5250)5107
URL　http://www.kyobunkwan.co.jp/publishing/

印刷所　モリモト印刷株式会社

配給元　日キ販　〒162-0814　東京都新宿区新小川町9-1
電話 03(3260)5670　FAX 03(3260)5637

ISBN978-4-7642-6133-4　Printed in Japan